Eurus

Notus

道教思想10講

神塚淑子
Yoshiko Kamitsuka

Boreas

Zephyrus

岩波新書
1848

目　次

講義を始める前に

道教という言葉を聞いて、人々は何を思い浮かべるであろうか。写真で見たことのある老子の像であろうか、それとも絵画に描かれた仙人の姿であろうか、あるいは、白と黒で表現された太極図のことであろうか。もしかしたら、道教という言葉は聞いたことがあるが、中身については何も知らないという人もいるかも知れない。

たしかに、日本では一般に、道教はあまりなじみがないというのは事実であろう。しかし、道教は中国において儒教、仏教と並んで三教の一つに数えられて、長い歴史を通じて重要な役割を果たしてきた。宗教・思想としてだけではなく、文学・芸術・医術などの分野においても、道教の影響は大きかった。また、歴史的に見れば、日本においても、道教そのものではなくても、道教的な要素のいくつかは早くから受容され、それは日本文化の展開とも無関係ではなかった。たとえば、よく知られているところでは、平安時代初期に空海が『三教指帰《さんごうしいき》』という文を書いて三教についての自身の考えを述べていることや、江戸時代の貝原益軒《かいばらえきけん》が著した『養生訓』には道教的な思想が多く含まれていることなどを挙げることができよう。

研究者の間では、道教の全体像は捉えにくいということがよく言われる。実際、道教という言葉が含む内容は幅広く多様である。道教の経典を見ても、哲学的・教理学的なものから諸々の民間信仰的なものに至るまで多彩であり、儒教に近い内容のものもあれば、仏教とよく似た内容のものもある。さまざまな性格のものが混在していて、一体どこに道教の中心があるのかわからなくなりそうなこともある。しかし、多様な要素を包み込みつつも、一つのまとまりとして認識されて、道教は存在している。その道教について、思想面に焦点をあてて、そのエッセンスをわかりやすく伝えることが、この講義のねらいである。

目次をご覧いただければわかるように、この講義では、最初に道教の歴史を概観し、『老子』の「道」の思想について述べたあと、生命観、宇宙論、救済思想、修養論、倫理・社会思想などのテーマに分けて道教の思想を説明し、次いで、道教と仏教、道教と文学・芸術、道教と日本文化について述べる。各講においては、それぞれ関連する事例や文献資料を挙げながら紹介・説明していくことになる。引用する資料は、『老子』『太平経《たいへいきょう》』『抱朴子《ほうぼくし》』『真誥《しんこう》』『坐忘論《ざぼうろん》』など、道教の代表的な文献を中心に取り上げ、できるだけ丁寧に説明を加えていく。

このように各講ごとにテーマに即した内容を述べていくことになるが、各講はそれぞれに完結したものではなくて、相互に関連し合って、全体として、道教の思想とはどのようなものかという説明になっている。したがって、各講で挙げる個々の事例や資料は、もちろんそれ自身として重要なものではあるが、さらに、テーマの枠を超えて、それらの事例や資料に共通するもの、通底するものは何かということにも着目していきたい。道教と呼ばれる諸々の事象の中、あるいは、個々の資料の奥に潜む、共通したものの考え方、思想の枠組みというものに目を向けることによって、道教思想の本質のようなものが見えてくるのではないかと思われるからである。

それでは、講義を始めることにしよう。

第 *1* 講

道教の始まりと展開

茅山の乾元観　松風閣(上)と伝陶弘景手植木蓮(下)(常盤大定・関野貞『支那文化史蹟』第四輯，法蔵館，1939 年より)

1　道教を構成する要素

まず、講義の入り口として、「道教の始まりと展開」と題したが、道教の始まりについて述べることは、実は難しい問題である。二世紀後半、後漢末に民衆運動として起こった太平道《たいへいどう》と五斗米道《ごとべいどう》を道教の始まりと見なす説が一般的であるが、これは教団組織を持つ宗教として世に出た時点に注目した捉え方である。一方、「道教」という語が、仏教に対する中国固有の宗教を指して使われるようになるのは、南斉の顧歓《こかん》（四二〇〜四八三）が「夷夏論《いかろん》」を著して、夷夏論争が盛んになった頃であるから、この五世紀半ば頃を道教の始まりと見る説もある（夷夏論争については、第8講に述べる）。そのほかにも、後漢末よりももっと早く、前漢やそれ以前に道教が始まったとする説もある。

このように、道教の始まりについて説が分かれるのは、道教というものがきわめて幅広い内容を含んでいることと関係する。そもそも、道教が幅広い内容を含むものであることについては、早くから指摘されている。たとえば、元の知識人、馬端臨《ばたんりん》（一二五四〜？）は次のように述べている。

道家《どうか》の術、雑にして多端《たたん》なるは、先儒の論　備われり。蓋《けだ》し清浄も一説なり、煉養《れんよう》も一説なり、服食《ふくしょく》も又《ま》た一説なり、符籙《ふろく》も又た一説なり、経典科教も又た一説なり。

（『文献通考』巻二二五「経籍考」）

ここで「道家の術」と言っているのは、道家は哲学・思想、道教は宗教というように分けて用いられることが多い今日の一般的な使われ方とは異なり、広く、いわゆる道教のことを指している。馬端臨は、「道家の術」（＝道教）は「雑にして多端」であると言い、その内容として、「清浄」（老荘の清浄無為の思想）、「煉養」（内丹《ないたん》などの養生術）、「服食」（仙薬を服用して不老長生をはかること）、「符籙」（張道陵《ちょうどうりょう》・寇謙之《こうけんし》らのように符籙＝おふだを用いた呪術）、「経典科教」（仏教に対抗して作られた経典や儀礼のことで、唐末五代以降の近世の道士たちが用いているもの）の五種類を挙げている。

馬端臨のこのような道教の捉え方は、横手裕『道教の歴史』（序章）が指摘するように、六世紀の前半、梁の劉勰《りゅうきょう》が「滅惑論」（『弘明集《ぐみょうしゅう》』巻八）で、「案ずるに道家の法を立つるや、厥《そ》の品に三有《あ》り。上は老子を標《かか》げ、次は神仙を述べ、下は張陵（張道陵）を襲う」として、「道家」（＝道教）を「老子」「神仙」「張陵（おふだなどを用いた呪術）」の三種類に分けたことの延長線上にある。このような捉え方は、中国の伝統的文献によく見られ、清代の乾隆年間に編纂された『四庫全《しこぜん》書《しょ》』の解説書である『四庫全書総目提要《そうもくていよう》』の「道家類」序文においても、「道家」(＝道教)は老荘の「清浄自持」を根本とし、その後、神仙家、錬丹《れんたん》術、符籙、斎醮《さいしょう》(亡魂を救済したり災厄を除去するために行う祭祀儀礼)・章呪《しょうじゅ》(神々への上書文や呪術)などが加わっていったという説明がなされている。

このように道教は、老子の思想を根本とし、その上に不老長生を求める神仙術や、教団道教で用いられた符籙や斎醮、あるいは、仏教の影響を受けて作られていった経典や儀礼など、さまざまの要素が時代の推移とともに、多層的に積み重なってできている。これらのほかにも、古いところでは鬼神《きしん》信仰の色濃い墨子《ぼくし》の思想や儒教の倫理思想、あるいは、陰陽五行《いんようごぎょう》思想や讖《しん》緯《い》思想、黄老道《こうろうどう》なども、道教を構成する要素として挙げることができよう。そのように多くの要素が層を成して積み重なってできている道教の、どこを切り取って起点と見なすかによって、道教の始まりについての見方が変わってくるのである。

第2講からは、これら道教の諸要素を見つめながら、道教思想の根本にある老子の「道」の思想を出発点として、道教の生命観や宇宙論、救済思想、修養論、倫理・社会思想などについて順次述べていきたいと思う。それに先だって、まず第1講では、道教の歴史を概観しておくことにしよう。

2　太平道と五斗米道

最初の道教教団とされる太平道と五斗米道は、後漢末の混乱した社会の中で出現した。太平道を率いたのは、鉅鹿《きょろく》(河北省南部)の張角《ちょうかく》(?〜一八四)である。『後漢書』皇甫《こうほ》嵩《すう》伝によると、張角は自ら大賢良師《たいけんりょうし》と称し、黄老道を奉じて弟子を集め、病気の者には首過《しゅか》(犯した罪を告白すること)と符《ふ》水呪説《すいじゅせつ》(おふだを入れた水を飲んで呪文を唱えること)をおこなわせた。黄老道とは、「黄老」、すなわち黄帝と老子のことを神仙と見なして崇め祀る信仰で、後漢の時代に盛んであったものである。

張角のもとに集まった人々は、乱世の中で貧困と病に苦しむ農民たちであったと考えられる。その数は数十万人にも達し、張角は三十六方(方は将軍の意味)を置いてそれを統率し、中平元年(一八四)に、王朝交替を求める一斉蜂起をおこなった。信徒たちは、「蒼天《そうてん》已《すで》に死す、黄天《こうてん》当《まさ》に立つべし。歳は甲子に在り、天下大吉」というスローガンのもと、皆、黄色の頭巾を着けて標識としたので、黄巾《こうきん》と呼ばれた。いわゆる黄巾の乱である。黄巾軍は各地の役所を焼き尽くし、一時は都をも震え上がらせたが、皇甫嵩を中心とする後漢勢力によって鎮圧され、太平道は消滅した。

太平道という名は、張角が手に入れた『太平清領書《たいへいせいりょうしょ》』というものと関係するようである。『後漢書』襄楷《じょうかい》伝によれば、後漢の干吉《かんきつ》(一説に于吉《うきつ》)という人物が曲陽泉水のほとりで『太平清領書』一七〇巻を感得し、順帝（在位一二六〜一四五）の時に、その弟子である琅琊の宮崇《きゅうすう》がそれを朝廷に献上した。その内容は陰陽五行思想を基本にしつつ巫覡《ふげき》（シャーマン）の雑語を多く含んでいたので、役所ではこれを「妖妄不経」（あやしげででたらめ）であるとして、蔵にしまい込んでいたが、のちに張角がそれを手に入れたという。

現在、道蔵《どうぞう》（道教の一切経。後述）の中に、『太平経』五七巻というものがある。また、『太平経』の完本がまだ存在していた時、唐末の道士、閭丘方遠《りょきゅうほうえん》が作った『太平経』のダイジェスト版『太平経鈔《しょう》』一〇巻というものも道蔵に収められていて、失われた部分についての概略を知ることができる。現在の『太平経』（および『太平経鈔』）と『太平清領書』との関係については、はっきりしたことは不明で、現在の『太平経』には六世紀、梁陳の頃に復元編集の手が加わっていることは確かなようである。しかし、思想内容の点では、現在の『太平経』は後漢末までの傾向を多く留めていると考えられ、初期の道教思想を知る上で重要な文献であるので、本書では第3講（生命観）、第5講（救済思想）、第7講（倫理・社会思想）など、随所で取り上げることになる。

五斗米道は、沛《はい》国の豊《ほう》（河南省徐州市）の人、張陵《ちょうりょう》（張道陵）に始まり、その子の張衡《ちょうこう》、孫の張《ちょう》魯《ろ》（?〜二一六）に受け継がれた。教主を天師と称したところから、のちには天師《てんし》道《どう》と呼ばれることが多い。『三国志』魏書・張魯伝によると、張陵は蜀の地に来て、鵠鳴山《こくめいざん》で道を学び、道書を作って信者を集め、信者には五斗の米を納めさせた。

張魯の時代には、漢中(陝西省漢中市)を根拠地として「鬼道《きどう》」によって民を教え、新しい入信者を鬼卒《きそつ》と呼び、信心が深まった者が祭酒《さいしゅ》となって信者を統率し、治と呼ばれる教区が設けられて、治頭大祭酒《ちとうだいさいしゅ》がより多くの信者を統率するという教団組織を作り上げた。そして、建安二〇年(二一五)、曹操《そうそう》の軍に制圧されて投降するまでの三〇年近くの間、漢中一帯に独立の宗教王国が築かれることになった。そこでは、義舎と呼ばれる無料の宿泊所が作られ、義舎の中には義米肉が置かれて道行く人が必要なだけ自由に食べることができたという。五斗米道(天師道)は曹操に投降してからのち、根拠地を変えたり、組織改革を経たりしたが、正一派《しょういつは》とか正一教《しょういつきょう》とも呼ばれてその流れはずっと存在し、現在に至るまで続いている。

五斗米道の教法については、同じく張魯伝の注に引く『典略《てんりゃく》』に詳しい記述がある。それによると、信者の病気を治療する方法は太平道とほぼ同じであるが、犯した罪を病人が反省する(これを「思過《しか》」という)場所として静室が設けられたことや、病人は罪に服する意を述べた書を三通作って、一通は山上に置いて天の神に、一通は地に埋めて地の神に、もう一通は水中に沈めて水の神にそれぞれ奉った(これを「三官手書《さんかんしゅしょ》」という)ことなど、太平道よりも具体的になっている。信者たちは祭酒の指導のもと、『老子五千文』を学習し、春夏の季節には殺生が禁じられ、禁酒も行われたという。一九〇〇年に敦煌《とんこう》で発見された写本の中から見つかった『老子想爾注《そうじ》』(スタイン六八二五)が、五斗米道の教団で用いられた『老子』のテキストではないかという説もある(第2講参照)。『老子』を聖典とする道教の基本が、早くもここに明確になっていることは注目される。

3 葛洪『抱朴子』の成立

一方、太平道や五斗米道のような組織化された道教とは別に、神仙になることを求めて個人もしくは少人数で修行したり道術を行ったりする動きも早くからあった。道術は個人から個人へ秘伝で伝えられることが多かったが、それらを書物の形で公開した晋の葛洪《かっこう》(二八三?～三四三?)の『抱朴子《ほうぼくし》』によって、後漢末から晋代の頃の神仙道の様子を知ることができる。

葛洪は江南の丹陽《たんよう》郡句容《くよう》県の、神仙方術とゆかりの深い葛氏《かつし》の一族に生まれ、詩賦などの文学作品や『神仙伝』などの史伝をはじめ、多数の著述を行った。儒学はもちろんのこと、医学・薬学にも造詣が深い教養人であった。『抱朴子』によれば、葛洪は若い頃から神仙道に関心を持ち、鄭隠《ていいん》に師事し、多くの口訣と仙書を伝授された。鄭隠の師は葛玄《かつげん》(葛洪の従祖父)であり、葛玄の師は、後漢末から三国時代にかけて道術で名を知られた左慈《さじ》である。

『抱朴子』は建武元年(三一七)頃に著され、内篇二〇巻、外篇五〇巻から成る。内篇は「神《しん》仙方薬《せんほうやく》・鬼怪変化・養生延年・禳邪却禍《じょうじゃきゃくか》の事を言い、道家に属する」もの、外篇は「人間の得失、世事の臧否《ぞうひ》を言い、儒家に属する」ものであると葛洪みずからが語っている（『抱朴子』外篇・自叙篇）ように、神仙道に関する諸々の事柄は、『抱朴子』の内篇に詳細に記されている。その中には、いわゆる金丹《きんたん》を中心とする神仙になるための理論と方法だけではなく、日常倫理的な事柄も記されており、『抱朴子』は神仙思想の面のみならず、倫理思想の面においても、道教の歴史において重要な位置を占める。それらについては第3講と第7講で述べることになる。また、『抱朴子』は日本に早くから伝来し、古代日本文化にも影響を及ぼした。この点については、第10講で述べる。

ここでは、『抱朴子』内篇・遐覧《からん》篇によって、葛洪の時代に存在していた道教文献について見ておきたい。遐覧篇には、葛洪が師の鄭隠から授けられたという書物など、多数の道教文献の名が列記されていて、最も早い時期の道書目録として注目される。その目録は「道経」と「符」の二つに大別され、「道経」としては、「三皇内文天地人三巻」から「李先生口訣肘後二巻」までの合計二〇〇余種、六七〇余巻の書名が記され、「符」としては、「自来符」から「玉斧符十巻」までの合計五六種、六二〇巻の符の名が記されている。

「道経」として記されたものの中には、「太平経五十巻」「甲乙経一百七十巻」のように、現在の『太平経』につながる可能性があるものや、後漢あるいは三国呉の人、魏伯陽《ぎはくよう》の作とされて後代、金丹術の書として大きな影響力を持った『周易参同契《しゅうえきさんどうけい》』との関係も考えられる「魏伯陽内経」(ただし、『周易参同契』の成立については謎が多く、諸説がある)、あるいは、のちに上清派《じょうせいは》で重んじられるようになる『黄庭経《こうていきょう》』なども含まれている。そのほか大半が詳細不明の書物ばかりであるが、その書名から推測すると、仙術の書、錬丹の書、導引按摩《どういんあんま》の書、服気《ふくき》(呼吸法)の書、病気治療の書、食養生の書、邪気払いの書などが多くを占めており、『抱朴子』の頃には、こうした書物が「道経」と意識されていたことがわかる。なお、ここには『老子』の名は見えないが、『抱朴子』の他の篇では、『老子』を指して「此の経」と呼んでいる。葛洪は『老子』のことを、経典には違いないが遐覧篇に列記した「道経」とは性格を異にすると考えていたことがうかがえる。

4 道教経典の作成――上清経と霊宝経

東晋中期(四世紀半ば)以降になると、丹陽郡の許氏と葛氏ら江南の土着豪族を中心とする人々によって、道教の新しい動きが起こり、上清経《じょうせいきょう》および霊宝経《れいほうきょう》と総称される道教経典が多数作られるようになる。

まず上清経(上清の経典群)の方は、東晋の興寧・太和年間(三六三～三七一)に、茅山《ぼうざん》(江蘇省句容市。本講扉)において霊媒の楊羲《ようぎ》(三三〇～三八六?)のもとに南岳夫人魏華存《ぎかそん》や三茅君《さんぼうくん》ら多くの神仙たちが降臨して、経典とお告げの言葉を授け、楊羲と許謐《きょひつ》(三〇五～三七六)・許翽《きょかい》(三四一

〜三七〇）父子がそれらを書写したところから始まる。書写されたものは、のちに梁の陶弘景《とうこうけい》（四五六〜五三六）によって蒐集整理されて、『真誥《しんこう》』七篇としてまとめられた（現在の道蔵では二〇巻に編成されている）。『真誥』は上清派道教の出発点を示すものとして重要であるとともに、道教文学という視点からも注目される。『真誥』の文章は道教文献の中では傑出して文学的色彩が濃く、第9講で道教と文学との関係を述べるときの重要な資料となる。

上清経は、上述の『黄庭経』のように古いものも含みつつ、興寧・太和年間における楊羲と許氏らの宗教活動によって示されたものを核として、六朝時代（二二二〜五八九）の末頃に至るまでの間に書き継がれていった。その思想的な特徴としては、道術の中で存思《そんし》の法（体内神をありありと思い描く瞑想法）を重視することと、仙・人・鬼の三部から成る宗教的世界観にもとづいて死後の昇仙の可能性を説いたことなどを挙げることができる。これらの内容については、第6講（修養論）・第4講（宇宙論）で見ていくことになる。

一方、霊宝経（霊宝の経典群）の方は、成立年代を異にするものから成り、複雑な様相を呈している。江南の地には、五方（東西南北と中央）の神々に働きかける力を持つとされる「霊宝五符」（これは禹の治水伝承と結びつけられている）というおふだを備えることによって災いを退けて不老長生を得ることができるという信仰が早くからあり、上述の楊羲も、永和五年（三五〇）に魏華存の長子の劉璞《りゅうはく》から「霊宝五符」を授けられたという。このような「霊宝五符」の呪符信仰をもとにして作られた『霊宝五符序』などは早い時期の霊宝経である。

それに対し、四世紀末から五世紀にかけて、『抱朴子』の著者、葛洪の従孫にあたる葛巣甫《かつそうほ》およびその流れをくむ人々によって作られ、大いに世に広まったという一群の霊宝経がある。これは『度人経《どじんきょう》』をはじめとする十部三十六巻の「元始旧経」を、元始天尊《げんしてんそん》の教説として体系的にまとめるという構想を持って作られたようであるが、未完成に終わり、それに代わって、葛仙公（葛玄）に授けられ、地上の人々が実践すべき「教戒訣要」を示したという「新経」が作られた（陸修静《りくしゅうせい》「霊宝経目」）。葛巣甫とその流れをくむ人々によって作られた霊宝経は、漢訳仏典の影響を受けて、輪廻転生・因果応報思想などの仏教思想を大幅に吸収し、一切衆生の済度（救済）という大乗思想が説かれるとともに、戒律や儀礼の面でも仏教のそれを多く取り入れている。また、その文体・語彙の面でも漢訳仏典に倣ったと思われる箇所が多くある。道教と仏教思想との関わりを見る上で、この霊宝経はきわめて重要であり、第5講と第8講で詳しく述べることになる。

5　陸修静による道教教理の統合

前漢時代に伝わった仏教が、後漢・三国時代を経て中国社会に浸透し、その勢力を増してくると、道教は次第に危機意識を強めてくる。上述のように、道教は教団組織として五斗米道

（天師道）が存続していたほか、『抱朴子』に記されたような神仙道の流れが存在し、また、上清経と霊宝経という新しい経典も作られつつあったが、それらはまとまりを持っていたとは言えず、仏教に比べると道教は劣勢であった。そういう状況下で、道教を一つにまとめ、中国固有の文化としての道教を守ろうとする動きが出てきた。その中心になったのは、南朝、劉宋の道士の陸修静（四〇六～四七七）である。陸修静は、いわゆる虎渓三笑《こけいさんしょう》の故事で知られ、慧遠《えおん》（三三四～四一六）・陶淵明《とうえんめい》（三六五～四二七）と並んで廬山《ろざん》（江西省にある名山）にゆかりのある人物である。

陸修静は劉宋の明帝（在位四六五～四七二）に厚遇され、都建康《けんこう》の近郊に崇虚観《すうきょかん》という道観（道教寺院）を与えられて住み、道教経典の蒐集を行った。そして、道教経典を「三洞《さんどう》」という枠組みで分類整理し、明帝の勅を受けて、泰始七年（四七一）に道教経典の目録である「三洞経書目録《さんどうけいしょもくろく》」を撰述した。三洞とは、洞真《どうしん》（上清経）・洞玄《どうげん》（霊宝経）・洞神《どうじん》（三皇文）をいう。三皇文（三皇内文ともいう）は天皇文《てんこうぶん》・地皇文《ちこうぶん》・人皇文《じんこうぶん》という呪術的な力を持つとされた書のことで、上述の『抱朴子』遐覧篇では、「道経」の冒頭に挙げられ重視されている。

陸修静は道教の諸派の教えを総括し、教理を統合することによって、道教全体の強化を図った。その統合のしかたは、三洞のうち洞真を最も上位に位置づける一方で、霊宝経の教理に基づく霊宝斎《れいほうさい》と呼ばれる斎法（儀礼）の整備に尽力するなど、実質的には洞玄を中心に据えたものとなっており、また、五斗米道以来の歴史を持つ天師道教団の規律を正し、組織を立て直す方法を説いた『陸先生道門科略』を著している。陸修静によって築かれた道教のかたちは、隋唐時代に引き継がれ、大きな影響力を持つことになった。

また、陸修静が用いたこの三洞の枠組みは、やや遅れて出てきた「四輔《しほ》」とあわせて「三洞四輔」と呼ばれ、道教経典の分類法として継承されていく。四輔とは、三洞を輔《たす》ける四つのものという意味で、太玄《たいげん》（老子に関係する経典）、太平《たいへい》（『太平経』）、太清《たいせい》（金丹仙術の経典）、正一《しょういつ》（天師道関係の経典）から成る。のちに時代の変遷によって、新しい性格の経典も出てきたが、それらもこの三洞四輔という七部分類の中に収められていった。

南朝における陸修静とほぼ同じ頃、北朝においても天師道の改革の動きがあった。北魏の寇謙之（三六五～四四八）は嵩山《すうざん》（河南省登封市）で太上老君《たいじょうろうくん》の降臨を受けて、『雲中音誦新科之《うんちゅうおんしょうしんかの》戒《かい》』を授かり、天師道教団の清整を命じられたという。また、寇謙之は北魏の太武帝（在位四二三～四五二）に符籙を授け、年号は太平天国と改められて、一時、道教が国家宗教的な力を得たが、それは寇謙之一代で終わった。

南朝においては、陸修静以後も、仏教の諸々の教説を受容しつつ、道教教理の体系化が図られた。その成果は北朝にも取り入れられ、仏教側との論争などを経て、より充実したものとなり、北周の武帝（在位五六〇～五七八）の時代には、道教の教理をまとめた『無上秘要《むじょうひよう》』一〇〇巻が編纂されるに至った。六朝後半期に体系化が図られた道教教理の一端については、第4講で見ていくことになる。

6　唐代の道教

唐代は中国の歴史上、道教文化が最も栄えた時代である。高祖李淵《りえん》（在位六一八〜六二六）は、李氏が天下を得ることを老君（太上老君）が予言したという道士の言葉を利用して唐王朝を創立し、老子（李耳）を王室の祖先であるとした。このことから、唐代においては王朝の政策として老子と道教が尊崇され、則天武后の時期（六九〇〜七〇五）を除いて、道教を仏教よりも優先する「道先仏後」策がとられた。ただし、その則天武后も晩年（七〇〇年）には、長生して神仙になることを願い、道教の儀式にもとづいて、嵩山の山門で金簡一通を投じている（第5講扉）。

唐代には、全国各地に道観が建てられ道士が配置されて、国家と皇帝の安寧を祈る金籙斎《きんろくさい》などの道教儀礼がしばしば執り行われた。道教の熱心な信奉者であった玄宗（在位七一二〜七五六）は、自ら『老子』の注を著して天下に頒布するとともに、各地に老子を祀る玄元皇帝廟《げんげんこうていびょう》（玄元皇帝は老子の尊号）を置き、そこに崇玄学《すうげんがく》という学校を併設して、『老子』『荘子』『文子』『列子』を学ばせた。開元二九年（七四一）には、科挙の明経科に準じて、これらの四経典を科目とする官吏登用試験の制度が始まっている。道挙《どうきょ》と呼ばれるこの制度は、五代の後唐の長興元年

（九三〇）に至るまで続き、道教崇拝に傾いた唐という時代の特異性を象徴するものとなっている。

また、玄宗の時代には、道教経典の集成が大規模に行われて、『三洞瓊綱《けいこう》』と名づける道教の一切経が編纂されたり、道教経典に対して音義（発音と意味）を加えた『一切道経音義《いっさいどうきょうおんぎ》』が作られたりした。さらにまた、唐代においては、道教教団の位階制度や科儀戒律の整備も進み、玄宗期頃の道士朱法満《しゅほうまん》の『要修科儀戒律抄《ようしゅうかぎかいりつしょう》』や、同じく張万福《ちょうまんぷく》の『伝授三洞経戒法籙略説《でんじゅさんどうきょうかいほうろくりゃくせつ》』などが著され、さらに、唐末五代期の道士杜光庭《とこうてい》（八五〇～九三三）は、『太上黄籙斎儀《たいじょうこうろくさいぎ》』をはじめ儀礼関係の書を数多く著している。

思想面においても注目すべき事柄がいくつかある。まず、唐代初めには重玄学《じゅうげんがく》が盛行した。重玄とは、『老子』第一章に出てくる「玄の又《ま》た玄」に基づく語で（第2講参照）、重玄学とは、仏教の「空」の思想や三論学の影響を受け、あらゆる執着を捨て去り「道」と一体化することを強調する思想・学問である。隋代から唐代初めの頃に成立した道教経典『本際経《ほんざいきょう》』にも、「兼忘」（あらゆることを忘却すること。『荘子』に基づく語）と「重玄」を合わせた「兼忘重玄《けんぼうじゅうげん》」の語が用いられているが、その流れを受けて、『老子』や『荘子』について仏教語を用いた思弁的な注釈をつけたり、道教教理を組み立てたりすることが行われた。その代表は、『老子道徳経《どうとくきょう》義疏《ぎそ》』や『荘子疏』『度人経注』などを著した成玄英《せいげんえい》である。また、同じく唐代初めには、朝廷において道教と仏教が優劣を競う論争が盛んに行われたが、その結果、道教は仏教の教説を積極的に取り入れ、たとえば、『涅槃経《ねはんぎょう》』などに基づいて道士の黎興《れいこう》と方長《ほうちょう》が作った『海空智《かいくうち》蔵経《ぞうきょう》』のような道教経典も作られた。

　玄宗期の道教思想で特に注目されるのは、司馬承禎《しばしょうてい》(六四七〜七三五)と呉筠《ごいん》(?〜七七八)である。司馬承禎は上清派道教の宗師として名を知られ、則天武后・睿宗《えいそう》・玄宗の三代の天子に召されて、朝廷の文人名士たちとも広く交遊した。玄宗に対して法籙《ほうろく》(道士の免許状)を授けたこと、玄宗の命を受けて『老子』のテキストを校勘したことなどはよく知られている。中でも重要なのは、心を安定させることによって不老長生に至る道筋を説いた『坐忘論《ざぼうろん》』を著したことである。『荘子』の思想をもとにしつつ、仏教の天台止観《てんだいしかん》の方法をも取り入れて書かれた『坐忘論』は、道教の修養論の代表的なものとして後代の人々にも大きな影響を与えた。これについては、第6講で詳しく述べることにする。一方、呉筠は道教理論を簡潔にまとめた『玄綱《げんこう》論《ろん》』を著して玄宗に献上したほか、「神仙可学論《しんせんかがくろん》」という文を著している。人体形成の過程をひとつずつ遡っていって最後に「道」と合一して神仙になるということを説いたもので、内丹説とのつながりで注目される。これについても、第6講で述べることにしたい。

　さらに、唐代の道教は文学や芸術思想の面でも見逃すことができない。李白や顔真卿《がんしんけい》と上清派道教との関係、あるいは、孫過庭《そんかてい》の『書譜』や張彦遠《ちょうげんえん》の『歴代名画記』に見られる書画と道教との関わりについては、第9講で取り上げることになる。

宋代以降の道教については、本書の内容との関連で重要と思われるポイントだけを記しておきたい。

7 宋代以降の道教

まず、北宋時代(九六〇〜一一二七)の道教では、三つのことが注目される。第一に内丹の盛行、第二に『雲笈七籤《うんきゅうしちせん》』の撰述、第三に江南における経籙三山《きょうろくさんざん》の出現である。第一の内丹は、道教の修練法・修養論として重要であり、宋代以降の道教を象徴するものとなった。これについては第6講で詳しく述べる。

第二の『雲笈七籤』の撰述は、道蔵(道教の一切経)の編纂に関連して出てきたものである。北宋の初め、熱心な道教信奉者であった真宗の命によって、張君房《ちょうくんぼう》が中心になって道蔵の校定編纂が行われ、天禧《てんき》三年(一〇一九)に『大宋天宮宝蔵《だいそうてんきゅうほうぞう》』四五六五巻が完成した。そのすぐあとに、これのダイジェスト版として張君房が作ったのが『雲笈七籤』一二〇巻(現在のテキストは一二二巻)である。『雲笈七籤』には、道教の教理と歴史、服気・内丹・方薬などの諸道術、神仙の伝記や詩歌などが、主要な道経の文を引用しつつ体系的にまとめられている。『大宋天宮宝蔵』は散逸してしまったが、『雲笈七籤』は小道蔵とも呼ばれ、一一世紀初頭までの道教の概要を知る上での貴重な文献となっている。

第三の経籙三山というのは、天師道(正一派)を継承するという龍虎山(江西省貴溪市)、上清派を継承するという茅山、霊宝派を継承するという閤皂山《こうそうざん》(江西省樟樹市)のことで、この三山は符籙を出すことのできる総本山として力を持ち、三者が江南道教の雄として鼎立する情勢が北宋中期に現れた。天師道と上清派と霊宝派は、上述のように後漢・六朝時代からの古い由来を持つ。三山はこれらの歴史的伝統に依拠する形で権威を持ち、龍虎山には歴代の張天師が、また、茅山と閤皂山にもそれぞれの宗師が立てられて、代々継承されていった。『龍虎山志』や『茅山志』などにその系譜が記されている。三山の中で次第に力を強めていったのは龍虎山の正一派で、南宋の時代(一一二七〜一二七九)には、正一派は他の二派をしのいで江南道教の領袖的地位を得るに至った。

次に、南宋・金の時代の道教として注目されるのは、全真教《ぜんしんきょう》の出現と『太上感応篇《たいじょうかんのうへん》』の普及である。北宋の滅亡後、女真族の金の統治下に置かれた北方では、戦乱の中、新しい道教の教派が現れた。蕭抱珍《しょうほうちん》(?〜一一六六)の太一教《たいいつきょう》、劉徳仁《りゅうとくじん》(一一二二〜八〇)の真大道教《しんだいどうきょう》、王嚞《おうてつ》(号は重陽《ちょうよう》。一一一三〜七〇)の全真教がそれである。太一教は符呪による治病消災を中心とする教え、真大道教は『道徳経』を崇め、虚心に祈ることを説く教えである。

全真教は王嚞が甘河鎮《かんかちん》(陝西省戸県)で呂洞賓《りょどうひん》(八仙の一人で、民間信仰の対象)から口訣を授かり、厳しい修行の末に得道して開いたという教えで、七人の高弟たち(七真と呼ばれる)の布教活動によって教団が形成された。七真の一人の丘処機《きゅうしょき》(長春真人)は一二二二年、モンゴルのチンギス・ハンの招聘に応じて西域で会見し、それ以後、全真教は優遇されて力を得、元の末頃には、江南道教の領袖となっていた正一教(正一派)と並ぶ二大勢力となった。全真教は、儒・仏・道の三教は一致するという立場に立ち、儒教・仏教の思想を多く取り入れている。特に、打坐・内丹を修行法とし、清規《しんぎ》(教団の規律)を定めるなど、禅宗の影響が大きい。

『太上感応篇』は人々に善行を勧める善書《ぜんしょ》(勧善書)の代表的なもので、南宋初期から世に広まった。道教の日常倫理を見る上で重要なものであり、その内容については、第7講で述べる。

続いて、元の時代(一二七九〜一三六八)には浄明道《じょうみょうどう》が興る。これは浄明忠孝道とも呼ばれ、忠孝という儒教倫理を中心に据えた教えであるが、その由来は古く、東晋時代に仙道を得たという許遜《きょそん》(許真君)に対する信仰に遡る。許遜を祀る南昌西山《なんしょうせいざん》(江西省南昌市新建区)の道観(遊帷観《ゆういかん》。のち、玉隆万寿宮となる)に孝道が伝えられ、唐の胡恵超《こけいちょう》、南宋の何真公《かしんこう》らを経て、元の劉玉《りゅうぎょく》(一二五七〜一三〇八)によって大成された。『太上感応篇』と並んで道教の日常倫理の書として重要な『太微《たいび》仙君功過格《せんくんこうかかく》』は、玉隆万寿宮の道士、又玄子《ゆうげんし》が作ったもので、その内容については、第7講で述べる。また、浄明道も全真教と同じく儒・仏・道の三教は一つであるということを説いている。これについては、第8講で触れることになる。三教一致、三教帰一《きいつ》の思潮は、明代（一三六八〜一六四四）になるとさらに顕著になる。

明代以降の道教については、二つのことだけを挙げておきたい。第一は、正一教と全真教という二大教派の並立である。先に述べたように、元の末頃には、南の正一教、北の全真教が道教の二大教派として並ぶ情勢ができていたが、明代の初めには、それを受けて、この二つを正式に道教として認め、国家の制度の中に組み込むことが行われた。正一教は、伝統的な「授《じゅ》籙《ろく》」（符籙を伝授されること）によって在家のまま資格を得た道士が斎醮祈禱を中心とする活動を行い、一方、全真教は、出家をして規律を守り心身の修養を積むことを主とするなど、両者は対照的な面を持っている。明代に定められた二大教派並立の形は、清朝にも継承され、その大勢は今日に至るまで続いている。

第二は、『正統道蔵《しょうとうどうぞう》』と『万暦続道蔵《ばんれきぞくどうぞう》』の編纂についてである。道蔵は上述の北宋時代の『大宋天宮宝蔵』以降も、宋・金・元の時代に数回にわたって編纂が行われたが、現存する道蔵は、明の正統一〇年（一四四五）に完成した『正統道蔵』五三〇五巻と、それを増補した万暦三五年（一六〇七）刊行の『万暦続道蔵』一八〇巻の合わせて五四八五巻だけである。『正統道蔵』と『万暦続道蔵』には、宋代以降に出てきた新しい教派の文献も含まれ、それらも六朝時代に成立した三洞四輔の分類法の中に組み込まれているので、分類という観点から見れば整合性を欠く不自然な形になっていると言わざるを得ないが、道教研究の基本文献としてきわめて重要なものである。

第2講

「道」の思想

通奏低音としての『老子』

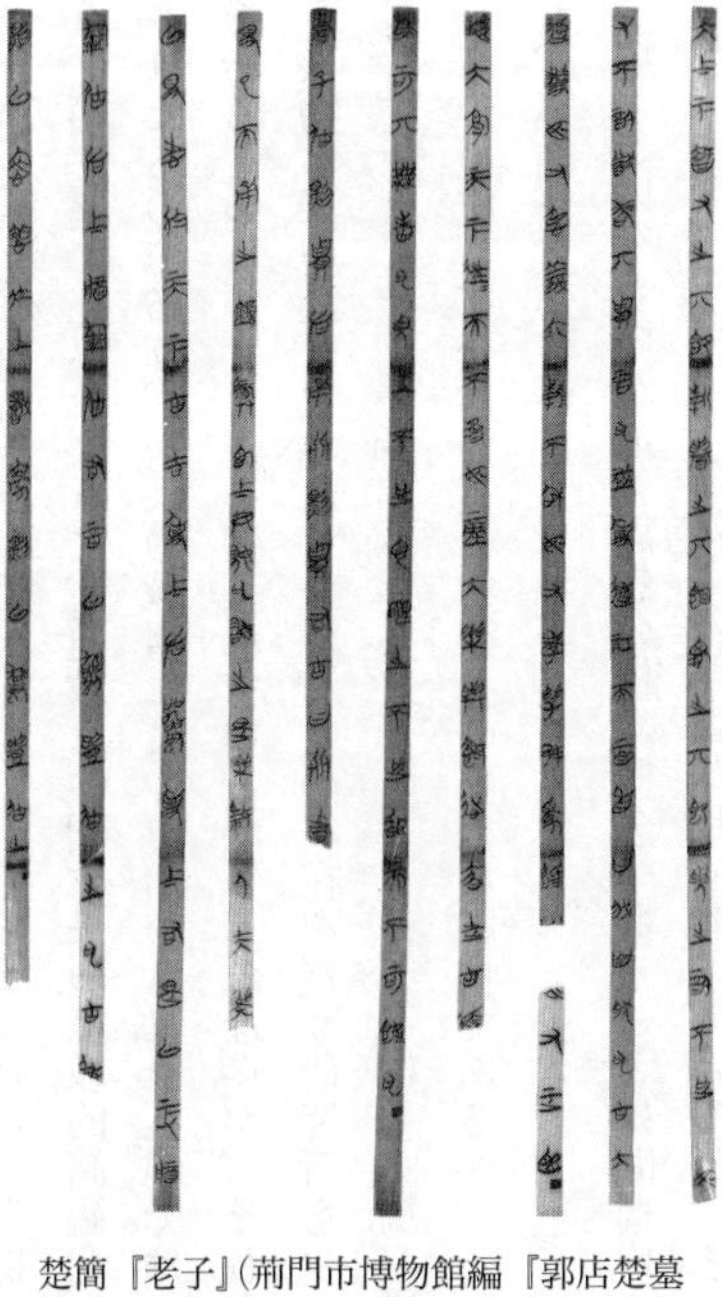

楚簡『老子』(荊門市博物館編『郭店楚墓竹簡』文物出版社，1998年より)

1 老子という人物

道教の思想について述べようとするとき、やはり老子という人物と、『老子』という書物のことから始めるのがよいであろう。第1講で述べたように、道教は中国古来の宗教的諸観念をもとに長い醸成期間を経て形成されたものであり、一人の教祖によって始められたものではない。一般に、老子が道教の教祖であるというイメージを持たれているかもしれないが、それは正しくない。そもそも老子という人物は深い謎に包まれていて、その実在を疑う研究者も少なくない。また、老子によって著されたとされる『老子』(『老子道徳経』ともいう)は、上篇「道経」と下篇「徳経」の二篇八十一章から成り、全体で五千字余りの小さな書物であるが、これがいつ頃成立したのかについても、不明な点が多い。

しかし、『老子』に説かれる「道」というものが道教思想の根本概念であることは間違いない。道教は、不老長生を得て「道」と合一することを究極の理想として掲げているが、その「道」というのは、『老子』に説かれる「道」である。道教の教理をまとめた書物の冒頭には、『老子』の「道」または「道徳」についての説明があるのが通例となっている。たとえば、唐代の初め頃、孟安排《もうあんぱい》によって著された『道教義枢《どうきょうぎすう》』の第一巻は「道徳義」から始まっている。

また、宋代に作られた『雲笈七籤』の巻一には「道徳部」が置かれている。

まず、老子という人物について述べよう。老子についての最も古い伝記資料は、司馬遷（前一四五頃～前八六頃）の『史記』老子伝であるが、司馬遷自身、老子の実像を捉えることは難しかったようである。『史記』老子伝にはまず、老子の郷里（楚の苦《こ》県厲《らい》郷曲仁《きょくじん》里）・姓名（姓は李、名は耳、字《じ》は聃《たん》）・官職（周の守蔵室の史）について記されているが、郷里の名称はいかにも架空のものであることを思わせる。ついで、孔子が老子に対して「礼」について質問したという話が載っている。これは孔子問礼譚《もんれいたん》と呼ばれ、後漢の画像石などにも描かれていて有名であるが、史実とは考えられない。

孔子問礼譚のあと、『史記』には、老子が「道徳を修め、其の学は自ら隠れて名無きを以て務めと為す」ものであったことと、周に長く仕えていた老子は、周の衰えるのを見て都を去って関所へ向かい、関所の役人の尹喜《いんき》から懇願されて、「書上下篇を著し、道徳の意五千余言を言いて去」ったということが記されている。書物『老子』が誕生したいきさつと、それが「道徳」を説いたものであったことを伝える話である。関所を去ったあとの老子については、「其の終わる所を知る莫《な》し」と、司馬遷はやや謎めいた表現をしている。

以上の記述のあと、別の伝承として、孔子と同じ頃の楚の人で道家の書物を著した老萊子《ろうらいし》という人物が老子であるという説や、戦国時代、秦の献公《けんこう》に対して秦の未来を予言した周の太史儋《たん》が老子であるという説を載せている。結局、司馬遷は老子という人物については、どれが真実かよくわからなかったようで、最後は、「老子は隠君子《いんくんし》(世を避けて隠れ住んだ知識人)なり」という言葉でまとめている。

つまり、今から二一〇〇年ほど前、『史記』が書かれた時代に、老子はすでに曖昧模糊として、よくわからない人物であったということになる。この人物像の曖昧さが、後代、老子が神秘化され、神格化されていく一つの要因ともなり、神秘化され神格化された老子は、道教という宗教の中で大きな役割を果たすこととなった。

2 『老子』の成立

現在の『老子』という書物が成立したのはいつかということについては、長い間、研究者たちの間でさまざまに議論されてきたが、近年の出土資料の研究により、以前よりは詳しいことがわかってきた。まず、一九七三年に湖南省長沙市馬王堆《ちょうさまおうたい》の第三号漢墓(前漢の文帝の時代、前一六八年に造営されたもの)から、絹に書かれた二種類の『老子』が出土した。これを帛書《はくしょ》『老子』(帛は絹という意味)という。帛書『老子』の研究によって、現在の『老子』と比べると上篇「道経」と下篇「徳経」の順序が逆であるものの、内容的にはほとんど同じ『老子』が、遅くとも秦代までには作られていたことが明らかになった。

つづいて、一九九三年に、湖北省荊門《けいもん》市郭店《かくてん》にある戦国時代中期(前三〇〇年頃)の墓から、竹簡に書かれた『老子』が出土した。これを楚簡『老子』という(本講扉)。帛書『老子』には、現在の『老子』八十一章分のすべてに相当する内容のものが含まれていたのに対して、楚簡『老子』は、現在の『老子』の三十一章分、文字数で言えば、約五分の二に相当する分しか出土していないし、章の順序も今のものとは大きく異なる。しかし、楚簡『老子』に記載されていた語句や内容は、ほぼ大部分が今の『老子』と同じであった。つまり、戦国時代中期には、現在の『老子』の少なくとも半分弱に相当する分は、すでに作られていたことがわかったのである。

楚簡『老子』は、『老子』の成立問題を解明するための貴重な生の資料として、『老子』に関心を持つ人々に大きな恩恵をもたらしたが、逆に、これを契機にして新たな論争も引き起こされた。現在、研究者たちの見方は、戦国時代中期にすでに現在の『老子』とほぼ同じものが成立していて、楚簡『老子』はそれを抄録したものであるとする説と、戦国時代中期にはまだ現在の『老子』のようなテキストはできておらず、楚簡『老子』は『老子』形成途上の過渡的な姿であるとする説に、大きく二分されている。

中国では、その後も出土資料の発見が相次ぎ、『老子』に関して言えば、二〇〇九年に北京大学が入手した前漢中期の竹簡の中に、現在の『老子』とほぼ完全に同じ『老子』が含まれていた。『老子』の成立問題に関しては、今後もなお一層、出土資料の研究に注目し続ける必要がある。

3 『老子』の「道」と「徳」

『老子』に説かれる「道」の思想は、道教の宇宙論、生命観、修養論、政治哲学など諸方面に深く関わり、道教思想全般の基盤となっている。

中国では、「道」という語は、天道（天・宇宙の理法）の意味や、人道（人が守るべき規範）の意味で早くから用いられてきた。孔子や孟子など儒家によって説かれた「道」は、仁義や礼など人道の面が強いが、『老子』の「道」は、天地万物の根源に関わる哲学的な概念として用いられている。

「道」のことは『老子』の随所に出てくるが、最もよく知られているのは冒頭第一章の文である。

道の道とす可《べ》き（これが道だと言えるような道）は、常の道に非ず。
名の名とす可き（これが名だと言えるような名）は、常の名に非ず。
名無し、天地の始めには。名有り、万物の母には。

故に常に無欲にして以て其の妙（深遠微妙な根源の世界）を観《み》、
常に有欲にして以て其の徼《きょう》（明らかな現象世界）を観る。
此の両者は、同じきより出でて名を異にし、同じく之《これ》を玄（奥深い神秘）と謂う。
玄の又《ま》た玄、衆妙の門。
（『老子』第一章）

『老子』は、世間で普通、道と言われているような道は本当の「道」ではないと言って否定し、目に見える現象世界を超えた根源の世界、天地万物がそこから出てきたところの奥深い神秘の世界に目を向けている。そして、その奥深い神秘を見つめるためには、無欲にならなければならないと言っている。ここでは、「道」は天地万物が生じる以前の元始の時間、根源の世界に関わるものであることが示唆されている。

「道」が元始の時間、根源の世界に関わるものであることについて、『老子』の他の章では、「道」は「淵《えん》として（深々として）万物の宗《そう》（おおもと）に似」たもので、「帝の先に象《に》たり（天帝よりも以前から存在したようだ）」（第四章）と言っている。中国古代において、天地万物を司ると一般に考えられていた「帝」という人格神的なものよりもさらに根源的なものが「道」であると、『老子』は考えているのである。

『老子』の説く「道」が、人間の言葉によっては表現しがたいものであり、ましてや、人間の感覚によって捉えることのできないものであることは容易に想像がつく。「之を視れども見えず、名づけて夷《い》と曰う。之を聴けども聞こえず、名づけて希と曰う。之を搏《とら》うれども得ず、名づけて微と曰う」(第十四章)と言っているように、「道」は視覚・聴覚・触覚によってとらえられないものであり、人間が把捉しうる姿かたちを超えたところの「無状の状、無物の象」(同)で、「惚恍《こつこう》」(同)としておぼろげなものである。

「道」はこのように超越的でとらえどころのないものではあるが、実際に、「道」は天地万物を生じるという偉大なる働きをしている。そして、生じた万物を養い育てるという働きをするものとしては、『老子』では「徳」という言葉が用いられている。「道」と「徳」による万物の生成化育のさまは、現に我々の目の前に繰り広げられている。しかも、「道」と「徳」はそのことを自らの功績として誇ることはしない。「道 之(万物)を生じ、徳 之を蓄《やしな》い、之を長じ之を育て、之を亭《さだ》め之を毒《あつ》くし、之を養い之を覆う。生じて有せず、為して恃《たの》まず、長じて宰せず、是れを玄徳と謂う」(第五十一章)という文は、そのような「道」の造化の働きと、それを助ける「徳」のことを表現している。『老子』は、この「道」と「徳」の働きに従って、争わず、無為自然に生きることが人としての望ましい生き方であることを説いている。司馬遷の『史記』に、老子は「道徳の意」を説いたと記され、『老子』が『道徳経』とも呼ばれるのはそのためである。

4 「道」の生成論――根源性と普遍性

「道」から天地万物が生じる順序を、『老子』は次のように述べている。

道は一を生じ、一は二を生じ、二は三を生じ、三は万物を生ず。万物は陰を負《お》いて陽を抱き、沖気《ちゅうき》以て和を為す。

（『老子』第四十二章）

「道→一→二→三→万物」という順で天地万物の生成が行われたことをいうこの文は、『老子』の生成論として重要なものである。「二」は陰陽の二気（天地でもある）、「三」は陰陽二気と中和（「沖」は中と同じ）の気である。「一」というのはいろいろな解釈があるが、陰陽二気に分かれる以前の渾然とした一気の状態を指すとするのがわかりやすい。このように、『老子』の生成論には根源の「道」のほかに「気」という概念が重要な要素として入り込んできている。

「気」については、後に繰り返し述べることになるので、ここでは詳しい説明は省略するが、生成論を述べたこの章において、万物は陰の気を背負い陽の気を抱いて、中和の気によって調和を保っていると言っているところに注目しよう。万物は自分自身の中に、自己を形づくっている陰陽二気・中和の気を含み持っている。そして、さらに遡れば、「道」そのものが「気」

というかたちで自己の中に入り込んでいる。つまり、「道」はすべてのものの中に内在していることになる。「道」は万物の根源であると同時に、万物すべてに内在する普遍性をも持っていることになるのである。

「道」が万物に普遍的に行きわたっていることをわかりやすく説いた話が、『荘子』の中に見える。『荘子』は『老子』とともに道家思想の代表的な書物で、「道」の思想がさまざまな寓話を通して説かれている。その中に「道」についての次のような問答がある。

> 東郭子《とうかくし》、荘子に問いて曰く、所謂《いわゆる》道は悪《いず》くにか在ると。荘子曰く、在らざる所无《な》しと。東郭子曰く、期《かぎ》りて而《しか》る後に可なりと。荘子曰く、螻蟻《ろうぎ》（ケラやアリ）に在りと。曰く、何ぞ其れ下れるやと。曰く、稊稗《ていはい》（ノビエやヒエ）に在りと。曰く、何ぞ其れ愈《いよ》いよ下れるやと。曰く、瓦甓《がへき》（屋根瓦や敷き瓦）に在りと。曰く、何ぞ其れ愈いよ甚しきやと。曰く、屎溺《しにょう》（大小便）に在りと。東郭子応《こた》えず。
>
> （『荘子』知北遊篇）

ここで、荘子は東郭子の問いに答えて、「道」はどんなところにも存在することを語る。あらゆる動植物はもちろんのこと、瓦や屎溺にまでも「道」は存在するのだと荘子は言って、東郭子を驚かせる。その言葉に唖然とする東郭子に向かって、荘子は、上記の文に続けて、「周」

「偏」「咸」(いずれも「あまねく」という意味)の性質を持つものが「道」であると語る。『老子』の中で、「道」が超越的な根源性を持つと同時に、万物に内在する普遍性を持つことを述べているのは次の文である。

物有り混成し、天地に先だちて生ず。寂《せき》たり寥《りょう》たり、独立して改めず、周行《しゅうこう》して殆《つか》れず。以て天下の母と為す可きも、吾其の名を知らず。之に字《あざな》して道と曰《い》い、強《し》いて之が名を為して大と曰う。大なれば曰《ここ》に逝《ゆ》き、逝けば曰《ここ》に遠く、遠ければ曰《ここ》に反《かえ》る。

(『老子』第二十五章)

天地よりも先に生じた「道」は、それ自身は「独立して」不変であるが、すべての物の中に「周行して」(あまねく行きわたり)、しかも疲れることがない。ここでも「周」という字が使われて、「道」が万物に普遍的に内在することが述べられている。

万物の中に入り込んだ「道」は、万物の動きとともに遠くまで広がりゆき、そして、広がりゆくと同時に、必ず元の所に帰ってくる(「遠ければ曰に反る」)と『老子』は言う。根源の「道」は、万物に内在して「逝」くとともに、またもとに「反」るという還元性をも持つ。根源への回帰ということは、後に述べるように、道教の修養論もしくは悟脱論の基本構造として重要な意味を持つことになる。

5 「道」のさまざまな解釈

『老子』は小さな書物であるが、長い歴史を通じてさまざまな読まれ方がされてきた。現在まとまった形で残っている『老子』の注釈として、最も古く、また、よく読まれてきたものは、王弼《おうひつ》注と河上公《かじょうこう》注である。道教との関わりで言えば、想爾《そうじ》注も注目される。それぞれの注によって、「道」の解釈も異なっている。河上公注についてはあとで見ることにして、まず王弼注と想爾注の「道」の解釈を見ておこう。

王弼注は、清談《せいだん》で知られる「竹林の七賢」よりも少し前の時代、魏の正始年間(二四〇～二四九)に活躍した王弼(二二六～二四九)が著したもので、「有無」や「本末」などの語を用いて本体論の面から「道」の解釈を行い、形而上学的な色彩の濃い『老子』注釈となっている。たとえば、先に引用した『老子』第一章の「無名、天地之始。有名、万物之母」という本文に対して、

> 凡そ有は皆 無より始まる。……言うこころは、道は無形無名を以て万物を始成し、万物は以て始まり以て成りて其の然る所以《ゆえん》を知らず。玄の又た玄なり。
>
> (『老子』第一章王弼注)

また、『老子』第四十章の「天下万物生於有、有生於無」という本文に対して、

> 天下の物は、皆 有を以て生と為す。有の始まる所は、無を以て本と為す。将《まさ》に有を全うせんと欲すれば、必ず無に反《かえ》るなり。
> （『老子』第四十章王弼注）

という注をつけている。万物を始成した「道」は「無形無名」で、万物にとっては「玄の又た玄」であって知り得ないものであるが、「有形」の存在である万物は、己を全うするためには「本」である「道」に帰るべきであると王弼は解釈している。三玄《さんげん》の学（『老子』『荘子』『易』の学）が流行し、貴族たちによる哲学的な談論が盛んであった時代を反映した注釈である。

次に、想爾注は、道蔵の中には収録されておらず、敦煌で発見された写本の中からその残巻が見つかったもので、「老子道経上 想爾」の尾題を持つ、スタイン六八二五がそれである。『老子』第三章から第三十七章までに相当する本文と注が残っている。その成立については、第1講で触れたように後漢末の五斗米道で用いられた『老子』のテキストであるとする説や、あるいは五世紀頃の成立とする説などさまざまあり、詳しいことはよくわかっていない。

想爾注では、「道」が神格化され、「道」が説いた教え、すなわち「道誡《どうかい》」を守るべきである

ということが繰り返し述べられていることが注目される。たとえば、「道は生を設けて以て善を賞し、死を設けて以て悪を威《おど》す」(第二十章想爾注)というように、「道」は人々の行いの善悪に対して賞罰を下す存在であり、人が何か事を行おうとするときには、「先ず之を道誡に考う」(第十五章想爾注)ことが求められる。「道誡を奉じ、善を積み功を成し、精を積み神を成し、神成りて仙寿、此れを以て身の宝と為す」(第十三章想爾注)とあるように、道誡を奉じて善行を積むことは長寿につながるとも言っている。このような説き方から見ると、想爾注は、『老子』を聖典として奉じ、長生を求める何らかの集団の中で作られ、用いられた可能性が考えられる。

6 『老子』河上公注

河上公注は作者不明で、作られた年代についても、後漢時代後半の成立とする説から六朝時代末頃の成立とする説まで諸説があり、明らかではない。河上公注の「道」の解釈がよくわかるのは、『老子』第一章の冒頭である。河上公注では、「道可道、非常道」という本文について、まず、前半の「道の道とす可き」とは「経術政教の道」、すなわち儒教経典の学術や政治教化の道を言うと解釈し、後半の「常の道に非ず」については、次のように述べている。

自然長生の道に非ず。常の道は、当《まさ》に無為を以て神《しん》を養い、無事(作為的なことを何も行わない)もて民を安んじ、光を含み暉《かがや》きを蔵し、迹《あと》を滅して端を匿《かく》すべし。

(『老子』第一章河上公注)

河上公注は、『老子』の言う「常の道」を自然で長生につながる道と解釈し、それは、「無為」によって「神を養い」、「無事」によって「民を安んじ」ることであると言っている。「神を養う」の「神」は、身体に対する精神(こころ)のことを指すとも解釈できるが、河上公注では「神」を人の五臓に宿る体内神の意味で使っている箇所もあり(第六章注)、身心両方の意味を含んでいると考えられる。

ここで、己の身心を養うことと、民を養うという統治の法に関することが並んで出てきていて、『老子』はその両方を説いているとするのが、河上公注の解釈である。河上公注について、唐代初めの陸徳明《りくとくめい》は、「治身治国《ちしんちこく》の要を言う」と評している(『経典釈文』)が、これは河上公注の特徴をよく言い当てている。河上公注が「治身」と「治国」を並べて述べている例を、もう一つ見ておこう。『老子』第十章に「愛民治国、能無為」という文があるが、「愛民治国」について、河上公注には、

身を治める者は、気を愛すれば則ち身全し。国を治める者は、民を愛すれば則ち国安らか

なり。　　　　　　　　　　　　　　　　　　　　　（『老子』第十章河上公注）

とあり、「能無為」について、

身を治める者は、精気を呼吸して、耳をして聞かしむる无《な》し。国を治める者は、恵徳を布《し》き施し、下をして知らしむる无きなり。　　　　　　　　　　　　　　（同）

とある。ここで『老子』本文には「治国」という語は出てくるが、「治身」という語は出てこない。しかし、河上公注は、「治国」と「治身」を対にして挙げて、「治身」の方法と同じようにすることが「治国」の方法であるとし、「身を治める」者が、体内の「気」を大切にし、「精気」を静かに呼吸するように、「国を治める」者は、民を大切にし、民がそれに気づかないように静かに恩恵を施すのだと解釈している。

老子が王室の遠祖として尊ばれ、『老子』の書を各家に所蔵させた唐代において、河上公注は国家公認の老子注のような位置づけを与えられた。道教の信者でもあった玄宗は、自ら『老子』の注（これを『唐玄宗《とうげんそう》御注《ぎょちゅう》道徳真経《どうとくしんきょう》』という。略称は玄宗御注《ぎょちゅう》）を作った。それは儒教の古典や漢訳仏典の語を多く交えた格調高い注釈であるが、玄宗は『老子』の要点を「理国理身」（「治国治身」に同じ）と考えていた（玄宗「道徳真経疏釈題詞」『全唐文』巻四一）。河上公注は、『老子』の思想を現実の政治の場で用いるという点においても、一定の役割を果したのである。

7 「道」と「気」

河上公注では、『老子』を解釈するにあたって「気」という語が多く用いられている。それは、延寿長生につながる養生術を説明する場合と、天地万物の生成について説明する場合とに分けられる。右に挙げた第十章の「気を愛すれば則ち身全し」というのは、前者の例である。他にも、「道を身に修め、気を愛し神を養い、寿を益し年を延ばす」（第五十四章河上公注）、「人能く自ら節養し、其の天より受くる所の精気を失わざれば、則ち以て長久なる可し」（第三十三章河上公注）など、自己の体内の「気」（「精気」）を大切に保つことが、長生につながるということが繰り返し説かれている。

一方、後者の、天地万物の生成について説明する中に「気」が出てくるものとして、第一章の「無名、天地之始」の河上公注に次のようにある。

> 無名とは道を謂う。道は無形、故に名づく可からず。始は道本なり。気を吐き化を布き、虚无より出で、天地の本始と為る。
>
> （『老子』第一章河上公注）

また、同じく第一章の河上公注に、「天地　気を含みて万物を生ず」とも言っている。「道」そのものは無形・虚無で人間の言語を超えたものであるが、「道」が「気」を吐くことによって、天地が生じ、万物が生成する。「道↓気↓天地↓万物」という生成論を河上公注は考えていたことになる。

「道」からはじめて生じた「気」は、「元気、万物を生じて有せず」（第二章「生而不有」に対する河上公注）というように、「元気」と呼ばれる。また、「太和の精気」とも呼ばれ、次に挙げる例が示すように、『老子』第四十二章の、「道↓一↓二↓三↓万物」という生成論の「一」と重ね合わされ、さらには、「道」の働きを助ける「徳」（第五十一章）とも重ね合わせて解釈されている。

一は道の始めて生ずる所、太和の精気なり。（『老子』第十章「抱一、能無離」河上公注）

徳は一なり。一は気を布《し》くことを主りて之を畜養す。

（『老子』第五十一章「徳畜之」河上公注）

河上公注では、「徳」は、「道」からはじめて生じた「一」に相当し、その「徳」（＝「一」）＝

「太和の精気」)の働きとは、「気」を布き広めて万物を養い育てることであると解釈している。根源的・理法的存在である「道」と、「気」で構成された有形の万物をつなぐ役割を持つのが「徳」であり、それは「太和の精気」とも表現され、最も「道」に近いところにある「気」である。「徳」(「一」「太和の精気」)の働きによって「気」を付与され、育養されて具体的な有形の存在となった万物は、「人能く一を抱き、身より離れざらしむれば、則ち身は長く存す」(第十章「抱一、能無離」河上公注)とあるように、「気」を大切に保つことによって長く存し、「道」に近づくことができる。

不老長生を得て「道」と合一することを理想とする道教は、精神的な悟脱を問題とするだけではなく、身体的な側面をもきわめて重視する。河上公注の『老子』解釈において、形而上の「道」の具体的な発現である「気」がクローズアップされてきたことは、道教思想史の展開から見て大きな意味を持つ。次講では、この「気」について考察していこう。

第3講

生命観

気，こころ，からだ

行気玉佩銘（羅振玉『三代吉金文存』巻20より）

1 「気」と身体

道教において、生命というものはどのように捉えられていたのであろうか。この問題を考えようとする時、誰もがまず思い浮かべるのは、不老不死の仙人のことであろう。不老不死という、現実にはありえないことを、道教が理想とし続けたのは、一体どういう論理に基づくのであろうか。

道教の生命観の根本には、中国古代思想に共通する身体・生命についての認識がある。その認識のキーワードとなるのは、「気」である。「気(气)」という字は、もやもやと立ち上る雲気・水蒸気をかたどったもので、何らかのエネルギーを持って流動し、生命力と深く関わっているものが「気」であると考えられてきた。

「気」が万物の構成要素となっているという考え方は、中国古代思想の共通認識として、古典の随所に見られる。中でも、人の身体が「気」からできていることを端的に述べたのは『荘子』である。『荘子』は、人の生死は「気」の聚散によって起こると言う。次の文がそれである。

生や死の徒《と》(仲間)、死や生の始め、孰《たれ》か其の紀《はじめ》を知らん。人の生や、気の聚《あつ》まれるなり。聚まれば則ち生と為り、散ずれば則ち死と為る。若《も》し死生を徒と為せば、吾又た何をか患《うれ》えん。故に万物は一なり。……故に曰く、天下を通じて一気のみと。（『荘子』知北遊篇）

人の生は「気」が集まった状態、死は集まっていた「気」が散らばった状態であるとし、生と死は、どこが始まりかもわからない、ひとつながりのものであると説いている。このような捉え方は、この文の後半に見えるように、万物はすべて同じ「気」からできていて、万物はひとつであるという万物一体の思想とも関連している。

『荘子』はまた、生と死は自然界に起こる陰陽の気の変化と同じようなものだとも言っている。荘子の妻が亡くなった時に、荘子は次のように語ったという文が見える。

其の始めを察すれば而《すなわ》ち本《も》と生无《な》し。徒《ただ》に生无きのみに非ず、而ち本と形无し。徒に形无きのみに非ず、而ち本と気无し。芒芴《ぼうこつ》(ぼんやりしてとらえどころのない状態)の間に雑《まじわ》り、変じて気有り。気変じて形有り、形変じて生有り。今又た変じて死に之《ゆ》く。是れ相与《とも》に春秋冬夏の四時の行《めぐ》りを為すなり。

（『荘子』至楽篇）

人の身体は、もともとは「気」の無い状態であったのだが、「気」を有し、「形」を有することによって、人は生き、そして死に赴く。その変化は、春夏秋冬の四季がめぐるのと同じなのだと、荘子は語っている。大宇宙の中での「気」の変化として、自然界には四季があり、人には生と死がある。同じく『荘子』至楽篇には、生と死は「昼と夜」の循環のようなものであるとも言っている。したがって、ことさらに生を喜び死を怖れることもなく、「死生を以て一条と為す」(『荘子』徳充符篇)というのが、『荘子』の死生観である。そのような死生観の根底には、人の身体も自然界と同じ「気」でできていると認識し、「気」の聚散として起こる生死を、自然の摂理として受け止めようとする考え方が存在している。

2 養生術――行気と導引

死生を一条とする『荘子』の思想においては、ことさらに不老長生を求めて何かを行うことは、望ましいこととはされていない。『荘子』刻意篇に、「吹呴《すいく》呼吸し、吐故《とこ》納新《のうしん》、熊経鳥申《ゆうけいちょうしん》するは、寿を為すのみ。此れ導引の士、養形の人、彭祖《ほうそ》寿考《じゅこう》なる者の好む所なり」とあるように、「故《ふる》い気を吐き出し、新しい気を納れる」呼吸術や、「熊経(熊が直立する)・鳥申(鳥が首を伸ばす)」などの導引の術を駆使して、ことさらに長寿を追求することは批判されている。身体を養う「養形」よりも、精神を養う「養神」の道の方が上であると『荘子』は主張しているのである。『荘子』がこのように「養形の人」を批判していることは、実は、逆に、『荘子』が書かれた戦国時代において、このような養生術を行う人々が存在したことを物語っている。

養生術においては、「気」が大きな役割を持つ。『老子』第十章に、「気を専らにし柔を致して、能く嬰児たらんか」とあるのは、純粋な「気」を専一に保ち、この上なき柔軟さを持ち続けることによって、嬰児のような生命力を維持できることを述べている。「気」を養うにあたっては、「行気」（気を体内にめぐらす）の重要性が着目されている。たとえば、戦国時代初期のものとされる「行気玉佩銘《こうきぎょくはいめい》」（本講扉）には、次のような文が見える。

行気。深ければ則ち畜《たくわ》う。畜うれば則ち伸ぶ。伸ぶれば則ち下《くだ》る。下れば則ち定まる。定まれば則ち固まる。固まれば則ち萌《めば》ゆ。萌ゆれば則ち長ず。長ずれば則ち退く。退けば則ち天。天機舂《うすづ》きて上に在り、地機舂きて下に在り。順えば則ち生、……。

（「行気玉佩銘」『三代吉金文存』巻二〇）

この銘文の解釈はいくつかあるが、ひとまず、次のような意味で理解しておきたい。「気」を体内にめぐらす方法は、まず深々と息を吸い込んで、十分に蓄え、それを身体の下の方に伸ばしていき、下に降りきったところで固定させる。下で固定させたのち、今度は草木が芽生えるように、上に成長させていって、上の方で体内から「気」を退かせる。自然界の「気」が天地の間を上下運動するように、体内にくまなく「気」をめぐらすことが健康長寿につながる、と。「行気玉佩銘」に述べられた、この考え方は、のちに道教の「服気」と呼ばれる養生法につながっていく。

先に引用した『荘子』刻意篇に出てくる「導引」もよく行われていたようである。導引は深呼吸をしながら行う柔軟体操であり、これもやはり「気」と関係している。帛書『老子』が発見されたのと同じ馬王堆の第三号漢墓からは、一五種の古医書も出土した。その中には、「却《きゃく》穀食気《こくしょくき》」「養生方」「雑療方」などと命名された帛書のほか、導引を行っているところを描いた「導引図」(第4講扉)もあった。「却穀食気」は「穀を去《しりぞ》(却)け」て体内の気を純化し、朝晩の「気を食する」方法や季節ごとの呼吸法を述べたものである。「導引図」には、さまざまな姿をして体操を行っている四四体の人物像が彩色画で描かれている。人物像の横には、「熊経」や「信」という文字が添えられている図もあり、『荘子』刻意篇の「熊経」や「鳥申」(「信」は「申」に通じる)が実際に行われていたことが確認できた。

このように、戦国・秦漢の時代からすでに行気・導引をはじめとする養生術に関心が寄せられていた。これらの養生術は、医学・薬学思想とも交錯しながら、「気」を基盤に置く身体鍛錬の方法として、道教の中に取り入れられていくことになる。

3　神仙への憧憬——仙(僊)人・真人・神人

「行気玉佩銘」と同じような、足の底から頭の先まで全身に行きわたるような深々とした呼吸を、『荘子』は「真人《しんじん》の息」と表現している。『荘子』大宗師篇に、「其の息するや深深たり。真人の息は踵《かかと》を以てし、衆人の息は喉を以てす」とあるのがそれである。「真人」というのは、『荘子』の理想とする超越者で、「生を説《よろこ》ぶことを知らず、死を悪《にく》むことを知らず」「其の心は忘れ、其の容は寂《しず》か」(同)であって、「道」を体得し精神の自由を得た存在とされている。「真人」はまた、「高きに登るも慄《おそ》れず、水に入るも濡れず、火に入るも熱《あつ》からず」(同)とあるように、身体面でも人間の限定性を超越しており、それは、「道に登仮《とうか》する」(道の究極にまで登りつめる)ことができたからであると『荘子』は言っている。

「真人」と同じような超越者を、『荘子』は「神人」「至人」「天人」などとも表現している。これらはいずれも、いわゆる神仙・仙人という言葉でイメージされるものとよく似ている。「藐姑射《はこや》の山」に住む「神人」の、「五穀を食らわず、風を吸い露を飲み、雲気に乗じ飛龍に御して、四海の外に遊ぶ」(『荘子』逍遙遊篇)という表現は、最もよく知られているものであろう。『荘子』は死生一条を説き、「養形」よりも「養神」を重んじる思想を説く一方で、精神的にも身体的にも俗世を高く超越した存在について具体的なイメージを示したという点で、のちの道教に大きな影響を与えたのである。

そもそも健康で長生きしたいというのは、人々の共通の願いであるが、その願望を永遠の生命を得るという超現実的なところにまでふくらませたものが、神仙という観念である。不死の生命というのは、実際には実現不可能なことであるが、道教は、理念的には、神仙になることを最終の目標としている。

戦国・漢代の彫像や画像石などを見ると、仙人は羽の生えた羽人としてイメージされることが多かったようである。文字の上から見ると、後漢時代に作られた字書では、「仙」の字について、「老いて死せざるを仙と曰う。仙は遷なり。遷りて山に入るなり」（劉熙《りゅうき》『釈名』）とある。また、「仙」の字は「僊」とも書くが、「僊は長生して僊去するなり」（許慎《きょしん》『説文解字』）とあり、いずれも長生して不死となり、山など遠いところに遷るという意味であると説明している。また、「真」の字についても、「真は、僊人 形を変えて天に登るなり」（『説文解字』）とあり、「真」の字の下の「八」は、「乗載する所なり」、すなわち、仙人が天に登る時の乗り物をあらわしているという。

神仙への憧憬は、さまざまな神仙説話を生み、のちに『列仙伝』（前漢の劉向《りゅうきょう》の撰とされるが、疑問がある。魏晋時代の成立か）や『神仙伝』（葛洪撰。ただし、後代の手も加わっている）などの仙伝類に記されることになるような多くの仙人たちの伝承が生まれた。神仙という幻想に魅惑された人物として、斉・燕の方士たちが盛んに説いた東海の三神山（蓬萊《ほうらい》・方丈《ほうじょう》・瀛州《えいしゅう》）の話に心を動かされ、不死の仙薬を求めようとした秦の始皇帝や漢の武帝のことは、よく知られている。この二人の皇帝は、泰山《たいざん》（山東省泰安市）で封禅の儀式も行っている。封禅の儀式は本来、天命を受けた天子が天地の神々に自らの功を報告するものであるが、この二人の天子の場合は、不死登仙を希求する個人的な祭祀・祈禱という性格が強かった。祭祀・祈禱によって神仙を求めようとすることは、のちに葛洪によって批判されることになる。

4 〈こころ〉と〈からだ〉

行気や導引などの養生術は、『荘子』が「養形」と称したように、直接的には、「形」――すなわち「気」で構成された身体（〈からだ〉）――を対象とするものである。しかし、実際には、身体は精神（〈こころ〉）と密接に結びついている。身体と精神の関係は、道教の生命観や修養論とも大いに関連するので、ここで、中国古代の心身の捉え方について概観しておきたい。

中国古代の心身理解については、石田秀実「拡充する精神――中国古代における精神と身体の問題」が、戦国時代から後漢時代までの資料を引用しながら、明快に論じている。今、それを参考にしながら、基本的なところだけまとめておくことにしよう。

「心」という字は、もともと心臓をあらわす象形文字であり、心臓という意味で用いられることも多い。身体の一部位としての「心」は、「精神」が宿る場所と見なされていた。精神とは、「精なる者は、気の精なり」(『管子』内業)、「気を摶《もっぱ》(専)らにすること、神の如し」(同)とあるように、「気」の精微なるものであり、したがって、「気」の精微なるものが宿る「心」は、「気」で構成された「形」(身体)の中で最も重要な場所と考えられていた。「心なる者は形の主なり。而して神なる者は心の宝なり」(『淮南子《えなんじ》』精神訓)とあるように、「心」は〈からだ〉の主宰者であり、そこに宿る「神」は「心」の宝と見なされた。

医書では、精神について、もっと具象的な捉え方をしている。『黄帝内経素問《こうていだいけいそもん》』や『霊枢《れいすう》』などによれば、精神は神《しん》・魄《はく》・魂《こん》・意《い》・志《し》の五つに分けられ、気的存在である栄《えい》・血《けつ》・気《き》・脈《みゃく》・精《せい》に内包されている。そして、この五つの気的存在の貯蔵庫となっているのが、心・肺・肝・脾・腎の五臓であるとされている。

「気」の精微なるものである精神は、「気」と同じように身体の中を流動し、拡散する。『淮南子』原道訓の、「夫れ形なる者は生の舎なり。気なる者は生の充なり。神なる者は生の制なり」という文が示すように、「形」(身体)は生命体の場、「気」はそこに充満するもの、「神」(精神)はその制御者である。「気」が身体すべてに充満すると、精神も身体全体に拡充する。そして、拡充する精神は、身体各部において、認識や運動の行為を制御すると考えられていた。

「気」と精神が拡充するとき、その方向性を決めるものは、医書によれば、五つに分けた精神のうちの意と志である。「志意なる者は、精神を御し、魂魄を収め、寒温を適にし、喜怒を和する所以の者なり。……志意和すれば、則ち精神専直にして、魂魄散ぜず、悔怒起きずして、五蔵(「蔵」は臓と同じ)邪を受けざらん」(『霊枢』本蔵)とあるように、「志意」が調和のとれた状態にあれば、精神は制御されて専一化され、魂魄が散じることを防ぎ、五臓は邪気を受けない。

一方、その「志意」は、「欲」の多寡に影響される。したがって、「志意」を平静にするためには、「欲」を制御する身体的行為が必要である。「欲を閑《しずか》にし悪を止め、以て意を平らにす。意を平らにして以て神を静にす。神を静にして、以て気を養う」(『春秋繁露《しゅんじゅうはんろ》』循天之道)というように、「欲」を制御して、悪しき行いを止めることによって、精神を平静に保ち、「気」を養うことができるようになる。

以上、中国古代の心身の捉え方について、石田氏の論文を参考にしながら概観した。中国古代における〈こころ〉と〈からだ〉についての認識は、道教における心身観・生命観の基底となり、さらには、道教の修養論や倫理思想の方面にも密接に関わることになる。

5　『太平経』の生命観

次に、道教文献を資料として、その生命観を見ていこう。『太平経』と葛洪『抱朴子』を取り上げることにしたい。

『太平経』は、第1講に述べたように、最初の道教教団である太平道を率いた張角とゆかりがあるとされる書物で、最も古い来歴を持つ道教経典のひとつである。

『太平経』の生命観として、まず注目されるのは、人の命は一度限りのものであり、この上なく大切なものであるから、生を存分に楽しむべきであると述べていることである。

凡そ天下の人の死亡するは、小事に非ざるなり。壹《ひと》たび死すれば、終古 復た天地日月を見るを得ず、脈骨《みゃくこつ》 塗土《とど》と成る。死命は重事なり。人 天地の間に居りて、人人 壹生を得、重生するを得ざるなり。重生する者は、独り道を得たるの人にして、死して復た生き、尸解《しかい》する者のみ。是れは天地の私する所にして、万万に未だ一人有らざるなり。故に凡そ人は壹たび死すれば、復た生くるを得ざるなり。

（『太平経』巻七二、合校二九八頁）

すべての人は一度だけの生しか与えられておらず、ひとたび死ねば、再び生まれることはない。これは仏教の輪廻転生の考え方とは全く異なる、中国の伝統的な死の捉え方であり、生命観である。ただ、ここに、道を得て「尸解」する者は例外であると言っているのは、道教的な発想である。尸解とは、いったん死んだ後、蟬が殻から脱け出すように霊魂が肉体から抜け出て仙人になるというものである。

一度限りの生であるがゆえに、この上なく貴重であり、生を謳歌するのがよいということは、次のように、『太平経』に繰り返し述べられている。

夫れ寿命は天の重宝なり。（『太平経鈔』乙部、合校二二頁）

天地の性、万二千物、人命最も重きなり。（『太平経』巻三五、合校三四頁）

人の最も善なる者、常に生を欲楽するに若《し》くは莫し。汲汲《きゅうきゅう》として渇するが若《ごと》くして、迺《すなわ》ち後に可なり。（『太平経』巻四〇、合校八〇頁）

生を貪る者は、天の佑《たす》くる所。（『太平経』巻一一二、合校五七〇頁）

『太平経』では、人の寿命を上寿百二十歳、中寿八十歳、下寿六十歳に分け、上寿以上になるのを「度世《どせい》」（現実世界を超脱して神仙になること）と呼び、下寿以下を「夭《よう》」と呼んでいる。「度世」の中には、「白日」（白日昇天）の仙人や、「尸解」の仙人（尸解仙）になることも含まれている。「度世」することが理想ではあるが、これはごく少数の人にしか許されていないとしている。

6 「守一」と五臓神存思

長生し「度世」するための方法として、『太平経』に説かれているものには、養生術的な方法と倫理的な方法とがある。この二種類の方法は、相互に関連し合っているのであるが、倫理的な方法については第7講で述べることにし、ここでは、身体・生命に関わる養生術的な方法についてだけ述べる。

『太平経』に説かれる長生・「度世」のための養生術的な方法というのは、「守一《しゅいつ》」と五臓神存思である。「守一」は、『老子』などに見える「一」の思想に基づき、根源の「一」を意識して保持し続けることによって、身中の「精神」の離散を防ぎ、身体の永続を求める方法である。たとえば、次のように言っている。

古今の要道、皆 守一を言う。長く存して老いざる可し。人、守一を知る。名づけて無極の道と為す。人には一身有り、精神と常に合幷す。形は乃ち死を主《つかさど》り、精神は乃ち生を主る。常に合すれば即ち吉、去れば則ち凶。精神無ければ則ち死し、精神有れば則ち生く。常に合すれば即ち一と為り、以て長く存す可し。

（『太平経鈔』壬部、合校七一六頁）

ここで言う「精神」とは、生きている人間の身体にそなわっているもので、これが身体から去れば人は死ぬことになると考えられている。すでに述べた『管子』の文にあったように、「気」の精微なるものと見ることもできるし、次に述べる五臓神のように、もう少し具象的にイメージされている可能性もある。いずれにせよ、この「精神」が身体から去って行かないようにすること、すなわち、「形」と「神」が離れないで合わさったままでいることが長生のための方法であると述べている。「形神合同」ということが長生の道であるとすることは、道教思想の基本的な考え方となり、この表現は、呉筠「神仙可学論」など多くの道教文献に用いられるようになる。

五臓神存思もやはり体内神が外に出て行かないようにして、病気を治す方法である。そのことを述べている箇所を要約すると、次のようになる。

体内神は人体から外に出て行きたがるものであるが、外に出て行ったままにしておくと、身の害となる。出て行こうとするものを追いかけて身中に戻らせることができれば、身を損なうことはない。そのために、空室の中の誰もいないところで、五臓神を描いた彩色画（五臓神の色は五行思想に基づく）を窓の光の中に懸けて、五臓神のことを念じ、存思する（意識を集中して思い描く）。そうすれば、五臓神は二十四時の気に報告し、五行の神が助けに来て、身中のあらゆる病気が癒える。

（『太平経鈔』乙部、合校一四頁）

ここに「二十四時の気」や「五行の神」が出てきているのは、五臓神はもともとは自然界の「気」と同一のものであるということと関係がある。「四時五行の気、来たりて人の腹中に入り、人の五蔵の精神と為る。其の色は天地四時の色と相応ず」（『太平経』巻七二、合校二九二頁）と言っているように、五臓神は自然界の「気」が人体の中に入ってきたものである。五臓神を存思することが病気治癒につながるのは、五行の気が自然界の秩序を生み出しているのと同様に、五臓神には人体に秩序をもたらす力があると見なされていたからである。ここには、人体を小宇宙と捉える観念が横たわっている。小宇宙としての人体は、「気」を通じて大宇宙たる自然界とつながっていて、人体の秩序は自然界の秩序と相応じていると考えられているのである。

7 『抱朴子』の神仙観

次に、『抱朴子』について見ていこう。第1講で述べたように、『抱朴子』は四世紀初め、葛洪によって著されたもので、その内篇には、左慈から葛玄・鄭隠を経て葛洪へと伝えられた神仙道・金丹法の数々が詳しく述べられていて、神仙思想の集大成とも言える内容となっている。

葛洪は、神仙は実在するものであって、人は学んで神仙になることができると主張している。神仙が実在する論拠として、葛洪は、「列仙の人、竹素《ちくそ》に盈《み》つ」（『抱朴子』論仙篇）、すなわち、過去の書物に仙人のことが多く記されているということ、また、「見る所を以て有りと為し、見ざる所を無しと為さんと欲すれば、則ち天下の無き所の者、亦た必ず多からん」(同)、すなわち、人間の目に見える範囲は狭いものであるから、目に見えるものだけが実在すると考えるのは間違っていること、あるいは、たとえ仙人が目の前に現れても、「真を匿し異を隠し、外は凡庸と同じ」(同)であるから、誰も気づかないこと、などを挙げている。

どれも皆、いかにも頼りない論拠であるが、これと同じ理由で神仙の実在を主張することは、吉川忠夫『古代中国人の不死幻想』が指摘するように、嵇康《けいこう》(二二三〜二六二)の「養生論」「答難養生論」にも見える。嵇康は、言うまでもなく、竹林の七賢の中心人物であり、時代を代表する知識人であった。嵇康や葛洪のような教養ある知識人がこのような理由で神仙の実在を説いたことは、今の我々には理解しがたい面があるが、「人間の常識をもって知ることのできる対象世界はごく限られた範囲のものであるにしか過ぎず、既知の世界の背後には未知の世界が大きくひろがっているのだという感覚、そしてそのような感覚にもとづく思想が、魏晋に始まる六朝時代(二二二〜五八九)の人びとによってひろく共有されたものであったという事実」(『古代中国人の不死幻想』一五八頁)を我々は知っておく必要があるであろう。六朝時代の人々に共有されていたこのような感覚・思想が、神仙実在説を生み、また、次の第4講で述べるような道教の宗教的・幻想的世界観を生んだのである。

8 神仙可学の思想と金丹法

葛洪は、人は学んで神仙になることができると主張している。この点は、嵆康とは相反する立場である。嵆康は、「（神仙は）特に異気を受け、之を自然に稟《う》くるに似たり。積学の能く致す所に非ざるなり」（「養生論」）と述べ、普通の人とは異なる優れた「気」を特別に受け、「自然」（生まれつき）にその素質を持っている人でなければ、神仙にはなれないとしている。しかし、葛洪は、「長生の得る可く、仙人の種無きを知る」（『抱朴子』至理篇）と言って、仙人になるためには特別な「種」（生まれつきのもの）はないとし、「仙の学んで致す可きこと、黍稷《しょしょく》の播種して得る可きが如く、甚だ炳然《へいぜん》たるのみ」（『抱朴子』勤求篇）と、種を植えて穀物が実るように、明らかなことだとしている。

葛洪が神仙になるために学ぶべきこととして挙げたものは、きわめて多岐にわたる。行気や導引のことも繰り返し述べられている。たとえば、「夫れ人は気の中に在り、気は人の中に在り。天地より万物に至るまで、気を須《ま》ちて以て生きざるは無し。善く気を行《めぐ》らす者は、内は以て身を養い、外は以て悪を却く」（『抱朴子』至理篇）として、「気」の思想に基づいて行気の重要性を述べ、また、「呉普なる者あり、華陀《かだ》より五禽の戯を受け、以て導引に代え、猶お百余歳を得たり」（同）と、導引から生まれた五禽戯という術のことにも言及している。

「守一」という語も『抱朴子』には何度も見える。中でも、「一」を体内神と見なし、「一は姓字服色あり。男は長さ九分、女は長さ六分、或いは臍下二寸四分、下丹田《かたんでん》の中に在り、或いは心下絳宮金闕《しんかこうきゅうきんけつ》、中丹田に在り。或いは人の両眉の間に在り、却行すること一寸を明堂《めいどう》と為し、二寸を洞房《どうぼう》と為し、三寸を上丹田と為すなり」(『抱朴子』地真篇)などと、上中下の三丹田と結びつけて具体的な記述がなされていることは注目される。「丹田」とは、不老不死をもたらす丹を生み育てる場所という意味で、ここでは、身中に三つの丹田があり、そこに「一」が宿っていると述べている。

しかし、神仙になる方法として、葛洪が何よりも重要であると考えたのは、「還丹《かんたん》」と「金《きん》液《えき》」の服用である。還丹は丹砂《たんさ》(硫化水銀からなる鉱物)を熱して作ったもの、金液は金を液状にしたもので、還丹と金液を合わせて「金丹」という。「老子の訣言に云う、子、還丹金液を得ざれば、虚しく自ら苦しむのみ」「既に金丹の道を覧《み》れば、則ち人をして復た小小の方書を視るを欲せざらしむ」(『抱朴子』金丹篇)と、還丹金液の決定的な重要性を述べ、その理由を次のように説明する。

夫れ金丹の物為《た》るや、之を焼くこと愈《いよ》いよ久しければ、変化すること愈《いよ》いよ妙なり。黄金は火に入り、百錬するも消えず、之を埋むるも、天を畢《お》うるまで朽ちず。此の二物を服すれば、人の身体を錬る。故に能く人をして不老不死ならしむ。此れ蓋し仮《か》りて外物に求めて以て自ら堅固にするなり。

（『抱朴子』金丹篇）

丹砂は、熱することでその色が朱色から白銀色へ、白銀色から朱色へという変化を繰り返すところから、そのようにして作られた丹薬は、還元の性質を持つと考えられた。一方、黄金は不変の性質を持つ。そこで、還丹金液を服用することで、人体はその還元・不変の性質を得ることができ、結果的に不老不死が実現されると考えられたのである。ここには、「外物」（自己の身体の外にある物質）を服食することによって、その物質の性質を自分のものにすることができるという発想が根底にある。葛洪にとって、神仙への道とは、人が知識と技術を駆使して丹薬を完成させ、それを服用して身体を錬成し、不老不死に至ることだったのである。人の努力によってそれは可能であると葛洪は考えた。したがって、秦の始皇帝や漢の武帝のように祭祀・祈禱によって神仙を求めることに対しては、鋭く批判したわけである。

しかし、実際には、水銀化合物を含む丹薬は毒薬であり、唐代には武宗をはじめ丹薬の服用による中毒で命を落とした皇帝が何人も出たことはよく知られている。その結果、のちの時代には、「外物」に借りるのではなく、修錬によって自分の体内に丹を作り出すという「内丹」の法が盛んになってくるのである。

第4講

宇宙論

目に見える世界を超えて

馬王堆第3号漢墓出土「導引図」(湖南省博物館編『湖南省博物館』講談社，1981年より)

1 「道↓元気↓天地↓万物」の生成論

道教は、目に見える現実の世界をはるかに超えた壮大な宗教的時空を構想した。そもそも、孔子の「鬼神《きしん》を敬して之を遠ざく」(『論語』雍也篇)や「未だ人に事《つか》うること能わず、焉《いずく》んぞ能く鬼に事えん」(『論語』先進篇)などの言葉が示すように、儒家の思想では、生きた人間の現実問題を最も重視し、天の世界や死後の世界、あるいは鬼神のことなど、目で見て確かめることのできない神秘的な事柄については、懐疑的ないしは消極的な態度をとった。

それに対して、道家の思想は、人が実際に確認することのできないもの、たとえば、この宇宙の始まりはどうであるのかというような事柄についても、大きな関心を寄せた。『老子』が「道」を説いたことは、まさにそのような関心のあらわれである。第2講で述べたように、『老子』の「道」は、人間の言語や感覚によっては把捉しがたい超越的なものである。そして『老子』は、その「道」が世界の根源となり、「道↓一↓二↓三↓万物」という順で天地万物が生成したと述べている(第四十二章)。

『老子』の生成論を受けて、漢代には、より詳しい生成論が説かれるようになる。中でも注目されるのは、『淮南子』天文訓に見える生成論である。『淮南子』は前漢の武帝(在位前一四一

~前八七)の時代に、淮南王《わいなんおう》劉安によって招致された多数の学者たちが執筆した書物で、『漢書』芸文志《げいもんし》などの図書分類では雑家の部に入れられているが、内容的には道家の思想が濃厚である。そこには、次のような生成論が記されている。

天墜《てんち》(地)未だ形《あらわ》れざるとき、馮馮翼翼《ひょうひょうよくよく》、洞洞灟灟《どうどうしょくしょく》(形がなく、もやもやぷかぷかした状態)たり。故に大昭と曰う。道は虚霩《きょかく》(広大無辺の広がり)に始まる。虚霩は宇宙を生じ、宇宙は気を生ず。気に涯垠《がいぎん》(極まり落ち着くところ)あり。清陽なる者は薄靡《はくび》して(たなびいて)天と為り、重濁なる者は凝滞して地と為る。清妙の合専する(集まる)は易く、重濁の凝竭するは難し。故に天先ず成りて、地後に定まる。

(『淮南子』天文訓)

ここではまず、天地が分かれる前、混沌たる広大無辺の広がりの中に、「道」の働きが始まり、「虚霩」は「宇宙」を、「宇宙」は「気」を生じたことを言っている。「宇宙」というのは、この箇所につけられた高誘《こうゆう》(後漢の学者)の注に、「宇は四方上下なり、宙は往古来今なり」とあるのによれば、空間(「宇」)と時間(「宙」)である。「宇宙」という時空の枠組みができ、そこから「気」が生じ、そして、天と地ができあがる。右に挙げた文に続けて、天地が定まった後、さらに陰陽の気→四時(四季)→万物の順で生成していったことが述べられている。

『淮南子』天文訓の生成論は、「道↓一↓二↓三↓万物」という『老子』の生成論が抽象的であったのに対して、「気」の状態に注目しつつ具体的に述べたものであると言える。ここには「元気」という語は出てこない(ただし、『太平御覧』巻一の引用では、「宇宙は気を生ず」の「気」が「元気」になっている)が、漢代の春秋学の中心概念であった「元」の思想を受けて、前漢末から後漢の時代には、天地万物を生じ生育させる根源的なエネルギーとして、「元気」という語がしばしば使われるようになった。そして、「道↓元気↓天地↓万物」が、中国古代の生成論として定着していく。第2講で、『老子』河上公注は、「道」が「気」を吐くことによって、天地が生じ、万物が生成するとし、「道↓気↓天地↓万物」という生成論が考えられていたことを述べたが、河上公注には「元気、万物を生じて有せず」(第二章注)と、「元気」の語も用いられていた。このような河上公注の生成論は、以上に述べた中国古代思想全般の流れとつながっている。

2 神学的生成論——「気」と神格

次に、道教経典ではどのような生成論が説かれているか見ていこう。道教が宗教としての教理体系を作り上げていくのは、六朝時代半ば以降、唐代にかけてであるが、この頃には、さまざまな生成論が道教経典に現れてくる。伝統的な「道↓元気↓天地↓万物」の生成論はもちろんのこと、「気」「形」「質」が現れる段階を細かく分けて「太易→太初→太始→太素（→太極）」の順を説く生成論（『易緯乾鑿度』『帝王世紀』などに見える）をも組み合わせたような形のものも出てくる。

特に注目すべきは、生成論の中に神格を登場させるものが出てくることである。これは天地宇宙の始まりを神格と関連づけて述べ、その神格によって説かれたことが道教の教えとなったとするものであるから、神学的色彩の濃い生成論である。これも多くの道教経典にさまざまに説かれていて複雑である。ここでは、六朝時代後半期の成立と考えられる『洞玄霊宝自然九天《どうげんれいほうしぜんきゅうてん》生神章経《せいしんしょうきょう》』に見える生成論を挙げておこう。

『洞玄霊宝自然九天生神章経』によれば、三元（混洞太無《こんどうたいむ》元《げん》・赤混太無《せきこんたいむ》元《げん》・冥寂玄通元《めいじゃくげんつうげん》）の気から、それぞれ三宝の神格（天宝君《てんぽうくん》・霊宝君《れいほうくん》・神宝君《しんぽうくん》）が化生した。天宝君は大洞（＝洞真）の尊神、霊宝君は洞玄の尊神、神宝君は洞神の尊神であり、三清（玉清《ぎょくせい》・上清《じょうせい》・太清《たいせい》）の宮殿に治を置き、三洞（洞真・洞玄・洞神）の教主となる。三元の気も三宝の神格も、三つに分かれた形を取っているが、もともとは同一のもので、「分かれて玄・元・始の三炁《さんき》と為」ったのであり、この「三炁」（「炁」は「気」と同じ）がさらにそれぞれ三つに分かれて「九炁」となり、「三炁」から天地が分かれ「九炁」が整うことによって日月星辰が生じ、万物の生成が始まったという。『洞玄霊宝自然九天生神章経』には「三炁」「九炁」と不可分の関係にある三天（清微《せいび》天《てん》・禹余《うよ》天《てん》・太赤天《たいせきてん》）、

九天（鬱単無量天《うつたんむりょうてん》・上上禅善無量寿天《じょうじょうぜんぜんむりょうじゅてん》・梵監須延天《ぼんかんしゅえんてん》・寂然兜術天《せきぜんとじゅつてん》・波羅尼蜜不驕楽天《はらにみつふきょうらくてん》・洞元化応声天《どうげんかおうせいてん》・霊化梵輔天《れいかぼんほてん》・高虚清明天《こうきょせいめいてん》・無想無結無愛天《むそうむけつむあいてん》）の名も見えている。

三元	混洞太無元	赤混太無元	冥寂玄通元
三宝	天宝君	霊宝君	神宝君
三清	玉清	上清	太清
三天	清微天	禹余天	太赤天
三気	始気	元気	玄気
三色	青	白	黄
三洞	洞真	洞玄	洞神
三乗	大乗	中乗	小乗

図1

このように『洞玄霊宝自然九天生神章経』では、根源の一気の状態から始まって、「三炁」→「九炁」の過程を経て天地万物が生じたという生成論が説かれるとともに、その中に三宝という神格が組み込まれている。神格が登場するという点において、これは『老子』『淮南子』以来の伝統的な生成論とは全く異なる新しい形の生成論である。

しかし、その神格は、自らが中心となって天地万物を作り出す働きをするような存在ではないことに注目しなければならない。道教の神格は、宇宙生成の自然の大きな動きの中で、それ自身が「気」から化生したものであり、さらに言えば、「気」そのものにほかならない。このような性格は、次の第5講で述べる元始天尊という神格についても全く同様のことが言える。神は自然の気（元気）そのものであると見なす考え方は、道教思想、ひいては、中国宗教思想全体の重要な特質として見逃すことができない。

以上に述べた『洞玄霊宝自然九天生神章経』の生成論は、これをもとにしてもう少し整理された形のものが、『道門経法相承次序《どうもんきょうほうそうしょうじじょ》』(唐の高宗と道士潘師正《はんしせい》との問答を記録した文献)の巻上や、『雲笈七籤』巻三「道教三洞宗元」にも記載されている(図1参照。図中の三元と三天の表記は、『洞玄霊宝自然九天生神章経』による)。第1講で述べたように、三洞はそれを補助する四輔とあわせて、道教経典の分類として長く用いられることになったものであるから、この生成論は、道教教理学の基本的な枠組みと関わるものとして重要な意義を持っている。

3　天界説

人は天と地の中間で生きている。そもそも、「天」という語は、単に上空に広がる大きな空間という意味を超えて、人間世界を支配する至上神という人格神的な意味あいから、自然界の法則や自然の摂理というような哲学的・抽象的な意味あいに至るまで、幅広い内容を持っている。「道」や「気」と並んで、中国思想を捉える上でのキーワードの一つであると言えるが、道教では天の世界はどのように考えられていたのであろうか。

道教においては、天の世界は神々の住む場所であり、また、人がその得道の程度に応じて到達することのできる理想の境地でもあるとされた。ただし、道教経典にはさまざまな天界説が出てきていて、統一がとれていない。上述した三天・九天は生成論の中に出てきたものであったが、そのほかに、方位観念と結びついた平面的な天界説である五天（東南西北の四方と中央）や十天（上下と四方および東北・東南・西南・西北の四維）、三十二天（四方に八天ずつ）などがあった。さらにその上に、天が重層的に積み重なっていると捉える仏教の「三界二十八天説」の影響を受けて、六朝後半期の道教の天界説は非常に複雑な様相を呈してくる。そういう中で、唐代初めの段階で、最終的に一応完成された形の天界説として定着したのは、「三十六天説」である。

三十六天説の概要を、右にも挙げた『道門経法相承次序』巻上によって述べておくと、次のようになる（『雲笈七籤』巻三「道教三洞宗元」にも同じ文が見える）。

天界は三十六の天が積み重なった構造になっている。大きくは、三界の内にある二十八天と、その外（上）にある八天に分かれる。三界二十八天のうち、一番下の六天は欲界《よくかい》、次の十八天は色界《しきかい》、次の四天は無《む》色界《しきかい》である。三界二十八天に住む者たちは、寿命は長く、美しい宝玉に囲まれているが、生死を免れない。無色界のすぐ上には、四天があり、種民天《しゅみんてん》という名（別名聖弟子天、四梵天）で、そこには生死はなく三災（水災・火災・刀兵）も及ばない。種民天の上には三境（太清境《たいせいきょう》・上清境《じょうせいきょう》・玉清境《ぎょくせいきょう》）があり、これは三天（大赤天・禹余天・清微天）もしくは三清天ともいう。太清境には九仙、上清境には九真、玉清境には九聖の位があり、三境全体で二十七の位がある。三境の上、すなわち三十六天の最上部には大羅《だいら》天《てん》があり、過去・現在・未来三世の天尊《てんそん》がそこにいる。天尊は三十六天すべてを統括している。

以上が三十六天説の概要である。六朝時代の霊宝経の中心であった『度人経』に対して、六朝・唐代の四人の経師によって付けられた注（『度人経四注』）によって、大羅天と三天（三清天）以外の以外の三十二天の名称を含めて三十六天説を図示しておくと、**図2**のようになる。

三十六天説は、仏教の三界二十八天説を下層部に取り込んでいる。方位観念にもとづく平面

	36	大羅天		
	35	清微天（玉清境）	三清天	
	34	禹余天（上清境）		
	33	大赤天（太清境）		
北方五気玄天	32	太極平育賈奕天	四種民天	
	31	龍変梵度天		
	30	太釈玉隆騰勝天		
	29	太虚无上常融天		
	28	太素秀楽禁上天	無色界	三界
	27	太文翰寵妙成天		
	26	淵通元洞天		
	25	皓庭霄度天		
西方七気素天	24	無極曇誓天	色界	
	23	上揲阮楽天		
	22	无思江由天		
	21	太黄翁重浮容天		
	20	始黄孝芒天		
	19	顕定極風天		
	18	太安皇崖天		
	17	元載孔昇天		
南方三気丹天	16	太煥極瑤天		
	15	玄明恭慶天		
	14	観明端静天		
	13	虚明堂曜天		
	12	竺落皇笳天		
	11	耀明宗飄天		
	10	玄明恭華天		
	9	赤明和陽天		
東方九気青天	8	太極濛翳天		
	7	虚无越衡天		
	6	上明七曜摩夷天	欲界	
	5	元明文挙天		
	4	玄胎平育天		
	3	清明何童天		
	2	太明玉完天		
	1	太黄皇曽天		

図2

的な構造のものであった三十二天が、重層構造を持つ三界二十八天の中に組み込まれ、その上に、四種民天と三天(三清天)と大羅天を置いた形の天界説が三十六天説である。仏教の天界説よりも天の数を増やし、仏教の天界の上に道教独自の天を置いたのは、仏教よりも優位に立とうとする意識の表れであろう。平面的と重層的という、本来、異なる由来を持つ天界説を結びつけたことに関しては、天は螺旋状に重なる構造になっているという説明がなされたり、あるいは、両者は本質的に異なるのだという説が出されたりするなど、道教内部においてもさまざまの議論があった。しかし、このような天界説が編み出されたところに、六朝時代後半期、仏教教理を受容しつつ、教理体系を構築していった道教の姿をうかがい見ることができる。

4　地上の仙境――洞天の世界

上述のように、道教の三十六天説では、天尊の住む最上位の大羅天のすぐ下にある三境には、九仙・九真・九聖の、あわせて二十七の位があり、それぞれの位の仙人・真人・聖人が住んでいることになっている。神仙を細かくランク付けし、位階に応じてその住む場所が決まっているという考え方は、六朝時代末から唐代初めにかけて、道教神学が整理されるに従って定まってきたものである。『道教義枢』巻一「位業義」でも、多くの道教経典を引用して、尸解仙・地仙・天仙・飛仙などがそれぞれどの天に住むかが記されている。

このように天界は神仙の住む場所とされたのであるが、地上にも神仙の住む別世界があるという考え方は、古くから存在していた。第3講に出てきた「藐姑射《はこや》の山」(『荘子』逍遥遊篇)や、東海の三神山(蓬莱・方丈・瀛州)などは、最もよく知られている例である。西王母《せいおうぼ》が住むという崑崙山《こんろんざん》や、その西王母から漢の武帝が聞いた話を記録したという想定の書物『海内十洲記《かいだいじっしゅうき》』(作者は東方朔《とうぼうさく》に仮託されているが、実際は魏晋以降の作)に見える十洲(祖洲、瀛洲、玄洲、炎洲、長洲、元洲、流洲、生洲、鳳麟洲、聚窟洲)など、山中や海中に存在すると想像された仙境は多数ある。

多くの仙境の中で、最も豊かな想像力が感じられるのは、洞天《どうてん》の世界である。洞天というのは、名山の洞窟の中に広がっていると考えられた、地仙の住む別天地である。地仙というのは、天界に昇らず地上に留まり続ける仙人のことで、『抱朴子』論仙篇に「上士は形を挙げて虚に昇る、之を天仙と謂う。中士は名山に遊ぶ、之を地仙と謂う。下士は先に死して後に蛻《ぜい》す、之を尸解仙と謂う」と見える。地仙という観念が出てきたのは、天仙になって天界に昇っても、天界には上位の神仙がたくさんいて新米の仙人は苦労が多いという考え方(『抱朴子』対俗篇に見える)が背景にある。

地上には、天界の三十六天説に相応じるかのように、三十六の洞天があるとされた。三十六洞天の考え方は、六朝時代中期頃から出てきた。洞天については、『真誥《しんこう》』の中に具体的な記述が見える。『真誥』は、第1講で述べたように、東晋の興寧・太和年間に霊媒の楊羲のもとに降臨した神仙たちの言葉を、五世紀末に陶弘景が編纂したもので、上清派道教の出発点となった重要な文献である。

『真誥』稽神枢《けいしんすう》篇には、三十六の洞天のうちの一つで、茅山にあるという華陽洞天《かようどうてん》のことが詳しく記されている。それによると、華陽洞天の内部は特殊な光線によって外界（現実世界）と同じような明るさで、草木・水沢・飛鳥・風雲その他、外界と同じ自然がある。宮殿や役所もあって多くの地仙たちが仙官（仙人の世界の官僚）となったり、道を学んだりして暮らしており、全体が東海青童君《とうかいせいどうくん》を頂点とする上位の神仙（真人）たちの統率のもとにある。興味深いことに、華陽洞天は林屋山《りんおくさん》や泰山、峨眉山《がびさん》、羅浮山《らふざん》など、遠くにある名山の洞天とも地底の道によって通じていて、洞天どうしで互いに行き来することができるとされている。つまり、洞天の内側に、外界とは別個の一つの天地が存在し、しかも、それは地上の災厄とは無縁の世界であると考えられていたのである。

山中奥深くに、外界と隔絶した理想的な異境が存在するという発想は、陶淵明の「桃花源記」に書かれた、いわゆる桃源郷の話と同じである。どちらも同じ六朝時代中期に出てきたものであり、『捜神記《そうじんき》』をはじめとする六朝志怪《しかい》小説に収められたいくつかの類似の話と合わせて、両者には深い関連があると考えられる。

洞天の観念は、同じく、諸々の災厄を避けることのできる場所と考えられていた福地《ふくち》の観念と結びつけられて、洞天福地と呼ばれるようになり、道教の霊地、あるいは道士の修行の場所とされるようになった。洞天福地のことをまとめた書物として、唐代の司馬承禎が著した『天《てん》地《ち》宮《きゅう》府《ふ》図《ず》』があり、十大洞天・三十六小洞天・七十二福地に整理分類され、それぞれの名称・所在地と、その地を統括する真人の名前が記されている。

5 鬼の世界

道教の天界説と地上の仙境のことを以上に述べてきたが、鬼《き》の世界はどのように考えられていたのであろうか。

鬼とは死者の霊魂のことを言い、天地山川の精霊などを含むこともある。不老不死の仙人になることを理想として掲げる道教においては、鬼はその理想を実現できなかった者ということになるが、現実には、誰しも死を避けられないことは言うまでもない。第1講に述べたように、後漢末に起こった五斗米道は鬼道と呼ばれ、信者たちは鬼卒・鬼民・鬼吏などと呼ばれた。これは、道教がその成立の当初から、むしろ、鬼の観念と深い関わりを持っていたことを示している。

鬼の世界として、前漢末頃には、死者の霊魂は泰山に集まるという考え方が成立していた。そして、泰山には冥府(冥界の役所)があって、地上と同じような官僚組織が存在し、冥府の長官である泰山府君が、冥吏(冥界の役人)とともに一般の鬼たちを支配していると考えられていた。このような泰山冥府の観念は、仏教が中国に伝来すると、仏教の地獄の観念と結びつき、人は死後、泰山地獄に入り、泰山府君(もしくは閻羅王)によって生前の罪の裁きを受け、冥界での処遇が決まると考えられるようになる。

道教の鬼の世界の考え方は、これらを受けて出てくる。再び、『真誥』を資料として、六朝時代の道教において鬼の世界がどのように捉えられていたのかを見ておこう。『真誥』の稽神枢篇と闡幽微《せんゆうび》篇には、次のように鬼の世界のことが記されている。

鬼は北方の癸《き》の方角、北海の中にある羅酆山《らほうざん》(酆都とも言う)に集まる。羅酆山には内外の六天宮があり、その第一天宮には「天下鬼神の主」である北太帝君《ほくたいていくん》が君臨し、第二天宮の西明公、第三天宮の東明公、第四天宮の北斗君、第五天宮の南明公、第六天宮の北明公を統率している。死者たちは、普通はただちに第一天宮へ行って裁きを受けるが、急死した者は第二天宮、賢人聖人は第三天宮に出向いて審査を受けたのち第一天宮へ行く。第四天宮は第一天宮での裁きに基づいて死後の処遇を決める。第五天宮と第六天宮は考責(罪を責めただす)の府である。北太帝君、東西南北の四明公、北斗君の下には、大小多数の官職(鬼官)が設置されていて、それぞれの官職には過去の歴史上の人物が就任している。

以上が、『真誥』に見える羅酆山の鬼の世界の概略である。ここには泰山冥府と同様に鬼官の組織が存在するとされている。上述のように、天界の神仙たちの間にも細かな位階が定められているし、地仙の世界にも仙官が存在することになっている。仙人の世界や死者の世界にも位階や官僚組織があるという発想は、現実世界の制度や組織の投影であることは言うまでもない。

6　仙人鬼三部世界観

『真誥』に記された地仙の世界や鬼の世界は、全体が、さらに大きな宗教的世界観のもとにある。『真誥』に見える宗教的世界観とは、次のようなものである。

夫《そ》れ天地間の事理(物事の道理)は、乃ち胸臆《きょうおく》を以て之を尋ぬ(推し測る)べからず。此れ幽顕中(目に見える世界と見えない世界)、都《すべ》て是れ三部有り、皆相関類す(互いに関連しあっている)。上は則ち仙、中は則ち人、下は則ち鬼。人の善なる者は仙と為るを得、仙の謫《つみ》ある者は更《さら》に人と為る。人の悪き者は更に鬼と為り、鬼の福ある者は復た人と為る。鬼は人に法《のっと》り、人は僊《せん》に法り、循還往来す。類に触れて相同じ(三つの世界はことごとく同じである)。正《た》だ隠顕《いんけん》小小の（目に見えるか見えないかのほんの小さな）隔たりあるのみ。

（『真誥』巻一六、陶弘景注）

ここでは、世界は仙界（上）と人界（中）と鬼界（下）の三部から成ること、それぞれの世界に住む者は固定しているのではなく、行為の善悪によって上の世界に昇ったり、下の世界に降りたり、循環往来することを述べている。目に見えないものも存在するのだという前提に立った幻想的な世界観である。

『真誥』では、この仙人鬼三部世界観のもと、人界から仙界へ昇ること、あるいは、鬼界から人界・仙界へ移ることがどのようにして行われるかについても述べている。人界から仙界へ昇るための方法としては、服気・存思などの道術、経典の読誦、按摩・理髪・導引などの日常的な健康法、邪気を避ける方法など、細々としたことまで説かれ、中でも、存思の法が重視されている。

一方、鬼界から人界・仙界に移ることができる者は、地下主者《ちかしゅしゃ》または地下鬼帥《ちかきすい》と呼ばれ、鬼と仙との中間的な存在で、尸解仙の一種とも考えられていたようである。地下主者となることができるのは、生前、忠孝・貞廉であったり陰徳があった人などで、死後、長い年月を経て仙人になれるとされている。地下主者は鬼界から人界に再生して、その後、仙界に入る場合と、鬼界から直接、仙界に入る場合とがあると考えられていたようであるが、いずれの場合も、仙界に入るためには、錬形の術を学んで身体を変化させ、新たな肉体を作ることが必要とされ、新たな肉体を作る場所としては、南宮(朱火宮)という宮殿が考えられていた。

このように、この世において不老不死の仙人となることはできず、死者となり鬼界に入った者でも、仙人になることがありうるとされ、その道筋が説かれたことは、道教もしくは神仙思想の新しい展開であった。仙人になるための方法の面でも、『真誥』は葛洪『抱朴子』のような金丹第一主義とは異なり、存思や誦経など人々が容易に実践できる事柄が中心になっている。それは仙界への道をより多くの人々に開くものであったと言える。

第5講

神格と救済思想

自己救済から他者救済へ

則天武后除罪簡．武后が嵩山の山門に奉納した願文（『唐の女帝・則天武后とその時代展』図録，NHK，1998年より）

1 道教における救済

宗教において救済が重要な問題であることは言うまでもない。救済という視点から見た時、道教はどのような特徴があるのだろうか。

道教の救済は、大別すれば、神格が登場して人々の苦しみを救済するという形のものと、人が自力で理想の状態に到達して救済されるという形のものとに分けることができると思われる。

前者の流れとしては、まず、道教教団の始まりである太平道と五斗米道では、病気治療によって多くの信者を集めたのであるが、その時、民衆が道教に期待したものは、まずは健康な身体と安らかな生活であり、それを可能にする平和な治世であったと考えられる。したがって、それらが実現されることがすなわち救済であり、これはきわめて現世的な救済であったと言えよう。太平道の張角と関わりがあったとされる『太平経』を見ると、この救済の考え方の背後には、天の神が地上に「太平の気」を降り注いで太平の世を実現するという観念が存在していたことがわかる。

人々の苦しみを救済する神格のことは、初期の道教経典にさまざまに出てくる。第2講の冒頭に述べたように、老子は道教の教祖ではないが、早くから神秘化され神格化される。そして、神秘化され神格化された老子は、道教経典の中で、地上の人々を苦しみから救う救世主として登場する。後漢末頃の成立と考えられる『老子《ろうし》変化経《へんげきょう》』がその例である。また、六朝時代中期に成立した『神呪経《しんじゅきょう》』(『太上洞淵神呪経』)では、『老子』に説かれた「道」という概念がそのまま神格化されて登場し、地上の終末的な混乱が、まもなく降臨する真君によって収拾されるであろうと説く。

ついで、六朝時代に仏教思想を多く受容して作られた霊宝経(霊宝の経典群)では、元始《げんし》天尊《てんそん》(単に天尊と呼ばれることもある)という神格が登場し、地上に生きている人々のみならず、すでに死んで冥界にいる者たちをも救済することが説かれる。元始天尊は隋唐時代以降、道教の最高神として定着した。全真教においても元始天尊、太上道君《たいじょうどうくん》(霊宝天尊)、太上老君《たいじょうろうくん》(道徳天尊)の三尊が最高神として位置づけられた。太上道君は「道」を神格化したもの、太上老君は老子を神格化したものである。現在でも、道観では玉清元始天尊、上清霊宝天尊、太清道徳天尊の三清の尊像が祀られていることが多い。

一方、後者、すなわち、人が自力で理想の状態に到達して救済されるという形のものとしては、すでに述べた葛洪『抱朴子』の金丹第一主義の神仙思想や、『真誥』の仙人鬼三部世界観にもとづく仙界への上昇という考え方がある。金丹を作成して服用したり、存思の道術や誦経などの仙道修行や徳行の実践など、個人の主体的な努力によって、不老不死の肉体を持つ神仙になり、天界に上昇することが理想の状態であるとされ、そうなることがすなわち救済されることであると考えられている。第3講で述べたように、神仙への憧憬は早くから見られる。神仙になることによって救済されるという考え方は古い淵源を持つと言わなければならないが、超現実的で観念的なものであり、また、自己救済の思想であって、他者への広がりを持つことは少ない。

六朝時代中期以降、仏教の大乗思想を道教が受容し、霊宝経の中に、冥界の死者をも含めたすべての存在を救済するという考え方が取り入れられ、そのためのさまざまな斎法儀礼が整えられていくと、道教の救済思想の主流はこちらの方になっていく。しかし、神仙思想と結びついた自己救済の思想は消えてしまうわけではなく、その後も、身体の内側に目を向けた内丹など新しい修養論を生み出していくことになる。

2 罪の蓄積――『太平経』の承負の思想

神仙思想と結びついた自己救済の思想と方法については、これまでにすでにいくらか述べてきたし、次の第6講でも詳しく述べることになるので、本講では、神格が登場して人々を苦しみから救うという救済の方を、資料に即して見ていくことにしたい。

まず、『太平経』について見ていこう。『太平経』に書かれていることは多岐にわたるが、救済思想の面でも注目すべき内容を持っている。『太平経』においては、救済の目的は地上に「太平の世」を実現することである。「太平の世」の実現に至るまでのプロセスがどのように説かれているか、その論理構造に注目しながら、概要を述べておきたい。

『太平経』によれば、遠い過去の時代（上古）は、人々が「元気」を抱き持ち、純朴で、誰もが「真道」を知り、自然に長寿を得ることができた理想の世であった。自然界の気は調和がとれ、上は君主から下は万民に至るまで、すべての人々が「天の心」と「地の意」に従って生き、「無為にして治まる」治世が実現していた。しかし、その後、中古から下古へと時代が進むにつれて、「真道」は見失われ、純朴な心は消え、人々の身体には「邪気」が増して、多くの人々が夭死し、君臣間の道は失われ、自然界の気も乱れて災厄が多発するようになった。そして、現在、世の中は、政情不安・天災・凶作・戦乱など、ありとあらゆる困難を抱え、人々の苦しみは極限に達しているという。

このように、人と社会の理想的な状態が上古において存在していたと考え、時間の経過とともに下降と衰退の一途をたどっていると見なすのは、中国古代における歴史認識としてさほど珍しいことではない。『礼記《らいき》』礼運篇に孔子の言葉として見える、「天下を公と為」し「大道」が行われていたという「大同」の世は、遠い過去のこととされているし、『荘子』大宗師篇には、天地自然の気と一体化した理想的存在が「古の真人」と表現され、同じく馬蹄篇には、人類の歴史の初めにあった「至徳の世」「赫胥氏《かくしょし》の時」の楽園的世界が表現されている。『太平経』では、このような下降と衰退の現象が、自然界と人体の「気」の変化(原初の純粋で清らかな気から、汚濁した不純な気への変化)として捉えられるとともに、人々の罪と結びつけて説明されている点に特徴がある。

罪について、『太平経』では、特に法に背いた行いをしたわけではない一般の「凡人」にも、次の六つの大罪があると説く(『太平経』巻六七、合校二四一〜二五七頁)。

一、自分自身は限りなく道を学んでいるのにそれを他人に教えようとしないこと(道の独占)。

二、自分自身は限りなく徳を学んでいるのにそれを他人に教えようとしないこと(徳の独占)。

三、億万の財を積んでいるのにそれを困窮者の救済に使わないこと(財の独占)。

四、その能力があるのに道を学ばないこと。

五、その能力があるのに徳を学ばないこと。

六、健康な身体を持っているのに財を得るための労働をしないこと。

以上の六つがなぜ大罪であるかと言えば、これらは天・地・中和の三気の心に反するからである。天の気は「道」(すべての人が生きること)を願い、地の気は「徳」(すべての人が養われること)を願い、中和の気は「仁」(天地の間の財物がすべての人にあまねく行きわたること)を願っている。だから、これに背く行いは三気の怒りを招く大罪である、と『太平経』は言う。ここには、第2講で述べた『老子』の「道」と「徳」の思想や「中和の気」の考え方が、社会思想として生かされている。救済という視点から見れば、自己救済に関すること(四・五・六)と他者救済に関すること(一・二・三)の双方にまたがっている。そして、『太平経』では、人々が天・地・中和の三気の心に背いた罪はきわめて大きく、とうてい一人・一世代では背負いきれず、次の世代に引き継がれたとしている。

罪が次の世代に引き継がれることを、『太平経』では「承負《しょうふ》」と呼んでいる。前の世代の人の罪が解消されずに後の世代の人がそれを「承け」、前の世代の人が後の世代の人に罪を「負わせる」という意味である。この承負には、個人レベルのものと社会全体のレベルのものがある。個人レベルの承負とは、祖先の罪過がその子孫に及ぶことである。「積善の家には必ず余《よ》慶《けい》有り、積不善の家には必ず余《よ》殃《おう》有り」(『易』坤卦文言伝)という言葉が示すように、中国では因果応報は家単位でめぐると見るのが一般的であった。したがって、祖先の罪が子孫に及ぶと説かれるのは、いわば当然のことである。

『太平経』の承負の説でより重要なのは、社会全体のレベルの承負である。なぜなら、社会全体の承負は天下の治乱に直接つながっており、『太平経』の救済の目的である「太平の世」の実現のためには、社会全体のレベルの承負の解消が不可欠であるからである。

3 「太平の気」の到来による救済

『太平経』では、天地開闢以来、人々が犯した罪が積み重なり、社会全体の罪の総量は、前の世代から次の世代へと雪だるま式に大きくなり、今や、「承負の極」に達していると述べる。自然の災厄や政治的混乱、人々の困窮が深刻の度を極めているのはそのためであり、天の怒りが爆発し、もはや帝王の努力によっては修復不可能な状態であるとする。

しかし、『太平経』は、今は同時にまた、「太平の気」がまもなく到来しようとしている時でもあるという。これはわかりにくい論理である。人々が天地の心に背く行いをし続け、天の怒りが爆発しようとしている時に、どうして天は人間社会に「太平の気」を注いで太平の世をもたらすきっかけを与えてくれるのか。

その理由として、二つのことが考えられる。一つは、「承負の極」に発する天の怒りは善人も悪人もすべて破滅に導くことになってしまうから、天は無罪の人を殺すことを憂慮する(『太平経』巻九二、合校三七〇頁)とあるように、天は最終的には人間社会を見捨てることはしないという、天に対する絶対的な信頼感が『太平経』の根底に流れているからである。

もう一つは、「太平の気」の到来ということの背景には、自然科学的・天文暦法的な循環の思想があると考えられる。春夏秋冬の四季の変化に見られるように、自然界の気は円環的な運動を繰り返しており、天地宇宙全体も大きなサイクルで循環運動をしている。『太平経』によれば、天地開闢の頃に充満していた理想的な平衡状態の気である「上元の霊気」(巻三六、合校四八頁)は、時代が下るにつれて次第に失われてきたが、今、天地宇宙は大きな一つのサイクルが終わって起点に戻り、再生しようとしている。ただし、再生の直前には暗黒のカオスをくぐり抜けなければならない。今の終末的な大混乱はまさにそれであるが、まもなく原初の理想的な状態の気が宇宙を覆うことになる。『太平経』において「承負の極」である今が同時にまた「太平の気」の到来の時であると説かれているのは、このような考え方が関わっていると思われる。

しかし、『太平経』では自然の周期的な循環運動としての「太平の気」の到来がそのままただちに「太平の世」の実現に結びつくとはされていない。「太平の世」を実現させるためには、「太平の気」とは異質な不調和の気を地上から取り除かなければならない。そのために、民の恨みを解くこと、刑を用いないこと、民の意見を聞くための投書箱のようなものを設置することなどが必要で、そのようなことを通じて、人間界の気の滞りを除いて疎通させることができ、自然界の気も疎通し、結果として、「太平の気」が順調に到来して「太平の世」が実現されると説かれている。

以上が、『太平経』に説かれた救済思想の概要である。救済の主体である神格としては、天(天の神)が考えられているが、天が直接、地上に現れるのではなく、天の意志を伝えるために天師が地上に派遣され、天師は真人にそれを伝え、真人はさらにそれを有徳の君主に伝えるという枠組みになっている。理想の世とされる「太平の世」の内容については、第7講で改めて取り上げることにするが、救済思想にのみ注目した場合、その特徴としては、救済の論理構造の中で「気」の観念がきわめて重い意味を持っていること、また、人類の罪というものが明確に意識されていて、それが救済と大きく関わっていることなどを指摘することができよう。

4　救世主としての老子——『老子変化経』

司馬遷が『史記』老子伝を書いた時、すでに老子は曖昧模糊としてつかみ所がない人物であったことはすでに述べたが、その後、老子の神秘化・神格化が進んだ。後漢の王充《おうじゅう》(二七頃〜一〇〇頃)が著した『論衡《ろんこう》』の道虚篇によると、王充が生きた時代には、老子は精気を養うことによって百歳を越えて長生きし、「度世して真人となった」という説があったという。また、後漢の桓帝(在位一四六〜一六七)は、「宮中に黄老浮屠《ふと》の祠を立て」たという記録がある(『後漢書』襄楷《じょうかい》伝)。二世紀の半ば頃、老子は黄帝とあわせて黄老と呼ばれ、浮屠(「仏」の古い音写。ブッダ)とともに宮中において祭祀の対象となっていたのである。

　この桓帝は神仙を好み、延熹八年(一六五)には二度にわたって老子の故郷とされる陳国苦《こ》県に役人を派遣して、祠(老子廟)で老子を祀らせた。その時に陳国の相(大臣)であった辺韶《へんしょう》が桓帝から命じられて書いた「老子銘」という文が残っているが(『隷釈』)、それには、老子は宇宙の根源の気と一体のもので、天体の運行をも司る超越者であり、上古の昔から世々、帝王の師として地上に何度も生まれてきた、と考える人たちがいることが記されている。一部の人々によってではあるが、老子は超越者として世俗の世界に関与し、間接的に地上の人々を救済する存在と見なされていたことがわかる。

　老子が明らかな宗教的救済者として姿を現すのは、『老子変化経』である。『老子変化経』(道蔵には収められておらず、敦煌写本にのみ残っている。スタイン二二九五)は後漢時代末頃の成立であろうと考えられており、戦乱が続き社会不安が強まる時勢を映し出したような緊迫した内容となっている。

　『老子変化経』では、「老子銘」と同じように、老子が宇宙の始まりとともにあった変化自在の超越者であること、伏羲《ふくぎ》・神農《しんのう》の昔から歴代、帝王の師として名前を変えて何度も生まれ変わったことが述べられ、その生まれ変わりは、後漢の後半になって頻繁になったとして、実際の年号まで入れて詳しく述べられる。そして、最後に、老子みずからが人々に向かって、次のように語っている。文中の「我」「吾」というのは、老子自身のことである。

昼夜我を念ずれば、吾は忽《ゆるがせ》にせず（あなたたちを粗末にはしない）と云《しか》う。味夢（夢の中でも）吾を想えば、我は自ら信（自分のしるし）を見《あらわ》さん。吾は官漢（漢王朝の役人たち）を発動し、自ら身を易《か》えしむ。愚者は踊躍し、智者は訓《おしえ》を受く。天地は事絶《た》え（滅び）、吾は自ら運を移す（天地のめぐりを変える）。当世の時（ちょうどその時）、良民を簡沢《かんたく》す（選別する）。……吾の処を知らんと欲すれば、五千文（『老子』）を読むこと万遍を過ぎ、首して（罪を告白して）自ら身を知り、急ぎ来たりて我に詣《いた》れ。

（『老子変化経』）

老子はここで、老子のことをひたすら念じ想う人々を救うと言っている。今は天地崩壊の危機的な状況の中にあるが、老子自身が天地のめぐりを変えさせ、老子を信じる人々を良民として選び取って救済するというのである。そして、救済されるためには、『老子』を繰り返し読誦し、みずからの罪を告白して、私の所に来なさい、と言っている。ここでは明らかに、老子は宗教的救済者として神格化され、その教えが記された『老子』は信者の読むべき書物として聖典化されている。『老子変化経』の成立の背景にどのような組織があったのか、詳しいことは不明であるが、終末的な乱世の中で『老子』を読誦してその教えに従い、罪を懺悔して、老子によって救済されることを願った一群の人々がいたことがわかる。

5 「道」による救済――『神呪経』

老子が説いた思想の中心概念である「道」という語がそのまま救済者として登場するのは『神呪経』である。現在の『神呪経』は全二〇巻あるが、そのうちの前半一〇巻は五世紀初め頃、東晋末から劉宋にかけて成立したと考えられている。前半一〇巻はすべて「道言う」で始まる短い章から成り、「道」という神格が発した言葉という設定になっている。その内容の梗概は次のとおりである。

今、世の中は戦争と疾病によって終末的な混乱の様相を呈している。どの年にどのような災厄が起こるかは干支によって決まっているが、まもなく劫運《こううん》(劫のめぐりによって終末的な大災厄が起こること)の時が来て、三災が世を襲い、人々が死に絶える危険性がある。道は人々を哀れみ、三洞法師《さんどうほうし》を世に遣わして、三洞経を世に広めさせる。三洞経を受持・転読して鬼(悪気)の名を唱えれば、鬼を退けて病気を治すことができる。劫運の時が来ると、天地が再生し、真君《しんくん》が出現することになるが、その時、終末の世を生き残って真君を見ることができるのは、三洞経を受持・信奉した人たちだけである。

『神呪経』ではこのように、最高神である「道」が三洞法師を地上に派遣して人々を救済するという形になっていて、三洞経を受持・信奉することで人々は救われるとされている。三洞経とは、ここでは『神呪経』を含む道教経典の総称、三洞法師は道教の布教者というほどの意味で用いられている。鬼(悪気)を退け病気を治すというあたりには、民間宗教的な性格を留めている。

この『神呪経』の救済の考え方と『太平経』のそれとを比べてみると、経典の受持・転読の功徳が説かれることや、真君が出現して選ばれた人だけを救済することなど、『太平経』には見られなかった要素が新たに入ってきている。しかし、救済の大きな枠組み、すなわち、終末的な大混乱を経て天地が再生し、その時に救済が行われるという考え方は、『太平経』と共通している。天地が再生する時、『太平経』では「太平の気」が到来することが説かれていたが、『神呪経』では「太平の気」に代わって「道炁(道気)」が興ると言っている。次の文がその例である。

大晋の世、世は末ならんと欲するの時、人民淳無し(純朴な気風がない)。苗胤《びょういん》(劉氏の末裔)

生起し、天下の人民を統領す。先に多苦有り、上は僥にして下は急なり（上の者は欲深く、下の者は追い立てられる）。然る後転《うた》た盛んなり。盛んなるは江左に在り。天人（天の神々と地上の人々）合集し、道𤇾興り、天運劫近し（天のめぐりとして新たな劫が間近にやってくる）。

（『神呪経』巻一）

「道𤇾」が興ることは、ここでは東晋が滅び漢王室の血筋を引く劉氏によって劉宋が興るという王朝交代と関連づけて説かれていて、『神呪経』が現実の政治とも深く関わっていたことを示している。いずれにせよ、終末的な大混乱を経て理想的な「気」が到来し、新たな天地のめぐりが始まるのと同時に、地上の人々の救済が行われるという考え方は、『太平経』と『神呪経』で軌を一にしている。『老子変化経』にも、老子が「運を移す」（天地のめぐりを変える）ということが言われていた。救済の主体である最高神は、天、老子、道とそれぞれ異なるが、天地の新たなめぐりの始まりと地上の人々の救済とが一体のものとして説かれるところに、道教の救済思想の大きな特徴があると言える。

6　元始天尊による救済——天地の再生と救済の思想（開劫度人説）

天地の新たなめぐりが始まる時に救済が行われるという考え方は、元始天尊の場合にはさらにはっきりと見られる。『隋書』経籍志《けいせきし》の道経の部には、六朝時代の道教の教理と歴史の概要が記されているが、その冒頭に、元始天尊のことが次のように書かれている。

道経なる者は、元始天尊有り、太元の先に生まれ、自然の気を稟《う》け、沖虚凝遠《ちゅうきょぎょうえん》にして、其の極を知る莫しと云う。天地の淪壊《りんかい》、劫数の終尽を説く所以は、略《ほぼ》仏経と同じ。以為《おもえ》らく、天尊の体は、常存不滅にして、天地の初めて開くに至る毎に、或いは玉京の上に在り、或いは窮桑《きゅうそう》の野に在り、授くるに秘道を以てす、之を開劫度人《かいこうどじん》と謂う。然れども其の開劫は一度に非ず。故に延康《えんこう》・赤明《せきめい》・龍漢《りゅうかん》・開皇《かいこう》有り、是れ其の年号なり。（『隋書』経籍志）

ここでは、まず、元始天尊は「太元の先に生まれ、自然の気を稟け」たもの、すなわち、宇宙の始まりの時点で、自然なる根源の「気」を受けて生じた存在であると言っている。第4講で述べた三宝の神格(天宝君・霊宝君・神宝君)と同じように、元始天尊も宇宙の原初の気と結びつけた説明がなされているのは、道教における神格の捉え方を特徴づけるものとして注目される。そして、元始天尊は天地の崩壊、劫の滅尽を超越して不変であること、天地が崩壊して新たな劫が開く時に元始天尊による救済が行われることが述べられている。

「開劫度人」とは、新たな劫が開くごとに人々を済度するという意味であるが、このように名づけられた元始天尊による救済は、「劫数の終尽」を含む点において、この文中に言うように、明らかに仏教の影響を受けている。仏教では、天地の一生は壊劫《えこう》（崩壊しつつある時期）、空劫《くうこう》（空無の状態の続く時期）、成劫《じょうこう》（生成しつつある時期）、住劫《じゅうこう》（存在し続ける時期）の四つの段階から成り、この順序で変化を永遠に繰り返すとされ、この四劫の一サイクルを一大劫と呼び、一大劫の終尽の時に大三災が起こり、住劫の一時期に小三災が起こるとされている。

道教では、劫の名を延康、赤明、龍漢、開皇などと呼んでいる。そして、元始天尊による救済が行われることは、霊宝経が世に出て人々の前に開示されるのと同一のこととされている。四世紀末から五世紀にかけて数多く作られた霊宝経は、真偽まじり合って混乱していたのであるが、それを整理して目録を作ったのが陸修静である。第１講に述べたように、陸修静は道教の統合に尽力し、その後の道教の展開に大きな影響を与えた道士である。陸修静が元嘉一四年（四三七）に著した「霊宝経目序」（『雲笈七籤』巻四）には、「霊宝の文は、龍漢に始まる」「延康の長劫、混沌として期無し。道は之《これ》隠淪《いんりん》し、宝経は彰《あきら》かならず」「赤明運を革《あらた》め、霊文興る」という文が見え、龍漢と赤明の時には「霊宝の文」（霊宝経）が世に出、延康の時には隠れるという説明がなされている。

道教経典の中でも、霊宝経は最も多く仏教の諸要素を吸収して作られている。とりわけ、仏教の諸思想のうち、一切衆生の済度を説く大乗思想を霊宝経が取り入れたことは、道教の歴史に新しい展開をもたらす大きな出来事であった。元始天尊はその霊宝経の教えを説く神格とされているのである。

7 死者救済の思想と儀礼

元始天尊が冥界の死者を含めた一切の衆生を済度することについては、霊宝経の中にさまざまな記述がある。たとえば、『太上霊宝諸天内音自然玉字《たいじょうれいほうしょてんないおんしぜんぎょくじ》』には、次のようなことが記されている。

元始天尊の前に神々が集まっていたところ、突然、天地が真っ暗闇になり、天空に五色の光明があらわれた。元始天尊はそれが天の瑞応の「霊書八会《れいしょはっかい》」という神秘的な文字であることを説明した。「霊書八会」は「飛玄自然の気」の凝縮したものであって、上は諸天の深遠なる道を明らかにし、中は自然の気をととのえ仙道を学ぶ人を済度し、下は地獄の幽魂を救い出す力を持つものであった。一座の者たちは皆、元始天尊による「大乗の化」をほめたたえた。

ここに見られるように、実際に一切衆生を済度する力を持っているのは、天の瑞応として自然に出現した「気」の集まりであって、元始天尊はそれの意味するところを理解し説明するという役割で救済に関与している。天の意志が符瑞として神秘的な文字や記号で示され、聖人はそれに従って行動するというのは、中国の伝統的な考え方である。黄河から出現した竜馬の背と、洛水から出現した神亀の背に書かれていたという河図洛書《かとらくしょ》のことはよく知られている（『易』繫辞伝《けいじでん》上に、「河は図を出し、洛は書を出す。聖人　之に則《のっと》る」とある）。元始天尊による救済思想の中にも、「天」や「自然」というものに重い意味を見い出す中国宗教思想の特質がうかがえる。

一方、同じく霊宝経のひとつである『洞玄霊宝長夜之府九幽玉匱明真科《どうげんれいほうちょうやのふきゅうゆうぎょくきめいしんか》』には、元始天尊が地獄の幽魂を救うことが、次のように述べられている。

天尊　飛天神人を会し、罪福縁対を説き、上品を抜度す（救い上げる）。経を説くの時に当たり、諸天日月、星宿朗《あきら》かに曜《かがや》き、普《あまね》く九地无極世界、長夜の府を照らす。九幽の中、長徒の餓鬼、責役の死魂、身に光明を受け、普く命根を見る。是に於いて自ら悟り、一時に廻心し、咸《ことごと》く善を思わしめ、福門に還ることを念じ、五苦より解脱し、三塗より蒙遷し、宿対は釈《と》かれ、地獄は寧閒《ねいかん》たり。

（『洞玄霊宝長夜之府九幽玉匱明真科』）

ここでは、元始天尊が霊宝経を説く時に、日月星宿によって地獄が明るく照らし出され、光明を受けて死魂はすべて改心し、罪責から解放されるということになっている。「罪福」「餓鬼」「三塗（途）」「地獄」などの語が用いられ、きわめて仏教色の強いものであると言える。阿弥陀仏の光明によって地獄にいる者をも含めたすべての衆生が済度されると説く漢訳仏典からの影響が考えられよう。

元始天尊による死者救済のことが霊宝経の中に説かれるようになるのと並行して、生きている者が死者の救済を祈願して行う斎法が次第に充実していく。陸修静は霊宝経を整理することとあわせて、霊宝斎と呼ばれる斎法を整備することにも力を尽くした。陸修静が著した『洞玄《どうげん》霊宝五感文《れいほうごかんぶん》』には、「洞玄霊宝の斎」として、金籙斎・黄籙斎・明真斎・三元斎・八節斎・自然斎・洞神三皇の斎・太一の斎・指教の斎の九種類が挙げられている。このうち、死者救済を目的とするものは三つあり、黄籙斎は「九祖の罪根を抜度する」こと、明真斎は「億曽万祖の九幽の魂を抜度する」こと、八節斎は「七玄及び己が身の宿世今生の罪を謝す」ことを目的とするものである。七玄・九祖・億曽万祖という語からわかるように、死者救済とは言っても、死者全般を指すというよりは、自分の家の亡き祖先の救済のことが問題にされている。

これら祖先の亡魂を済度する斎の儀式の詳細については、『無上秘要』巻四八から巻五七にまとまった記述があり、儀式の中で読誦する祈願文も載っている。たとえば黄籙斎の祈願文には、「某の家の九祖父母の悪対罪根を抜き贖《あがな》い、三界司算、女青上宮、罪録《ざいろく》より削除し、窮魂を開度し、身は光明に入り、天堂に上昇し、衣食は自然にして、早く福慶の門に更生するを得んことを」（『無上秘要』巻五四）とある。子孫が行う斎の功徳によって、九代前からの祖先の罪が赦され、魂が救済されて、天堂に昇ったり、良い条件で人間世界に生まれかわることができますようにという内容である。生前に犯した罪が神々のもとにある「罪録」に記されているというのは、中国古来の民間信仰的な考え方である。また、仏教の輪廻転生の思想を吸収しながらも、「福慶の門」に再生することを願うあたりは、現世主義的な傾向の強い中国宗教思想の特徴をよく表している。

道教と仏教との関係については第8講で改めて詳しく取り上げるが、このように道教の死者供養・祖先済度の思想は、仏教思想と中国的思惟の融合の上に成り立っているのである。

第6講

修養論

内丹への道

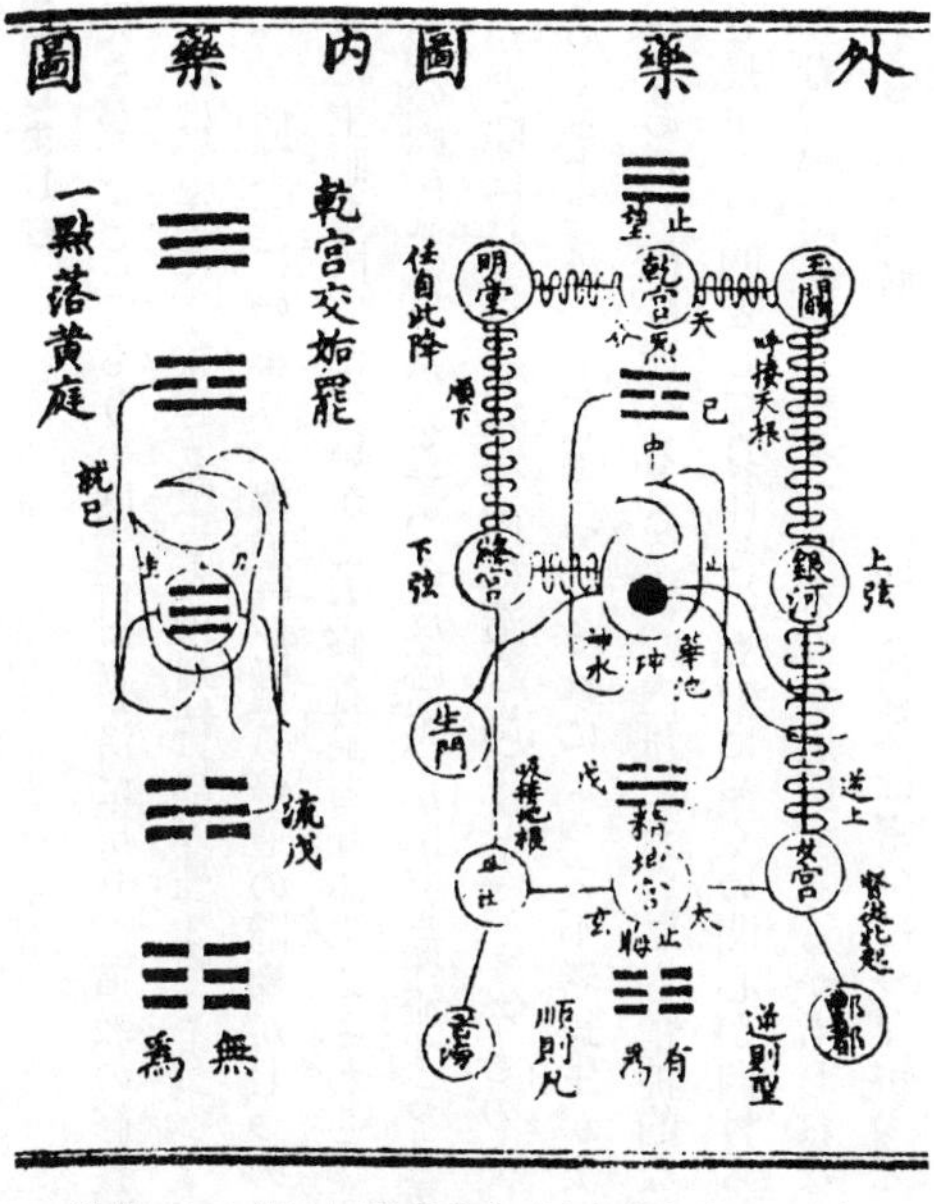

外薬図と内薬図（正統道蔵本『中和集』巻2より）

1　嵆康「養生論」――形神をして相親しましむ

前講では神格による救済について見たが、ここでもう一度、自己救済に戻り、道教の修養論を見ていこう。本講で述べようとするのは、主に、『坐忘論』と内丹法に関連することである。『坐忘論』は唐代に書かれたもので、「信敬《しんけい》」に始まり「得道《とくどう》」に至る修道の階梯が七つの段階に分けて説かれており、心のあり方に主眼を置いた、いかにも修養論と呼ぶにふさわしい内容のものである。一方、内丹は、「人間の肉体そのものを一つの反応釜、体内を環流する「気」を薬材と見なして、聖胎とか玄胎とかと呼ばれる丹薬を体内に造り出そうと」するもの（吉川忠夫『読書雑志――中国の史書と宗教をめぐる十二章』一五九頁）で、それによって不老長生が実現されるとされた瞑想法であり身体技法である。後に述べるように、内丹においても精神的な要素が重んじられるのではあるが、不老長生を目的として身体そのものに多くの関心が向けられている点から言えば、修養というよりも、養生という語を用いる方が適切であるかもしれない。

しかし、第3講で述べたように、そもそも「形」（身体）と「神」（精神）は密接につながっていると見るのが中国古代の身体観・生命観である。修養論かあるいは養生論か、いずれの名称で呼ぶにせよ、精神的要素と身体的要素が切り離しがたく結びついているとするのが道教的思惟の大きな特徴であるというべきであろう。たとえば、第3講で言及した竹林の七賢のひとりである嵇康《けいこう》が著した「養生論」は、神仙は誰にでもなれるものではないけれども、うまく養生すれば長生を獲得して神仙に近づきうるという立場から、精神面をも含めた養生法を述べている。その中に次のような一節がある。

是《ここ》を以て君子は、形は神を恃《たの》んで以て立ち、神は形を須《ま》ちて以て存するを知り、生理（生存の原理）の失われ易きを悟り、一過（一つの過失）の生を害するを知る。故に性を修めて以て神を保ち、心を安んじて以て身を全うす。愛憎　情に棲《す》まず、憂喜　意に留まらず、泊《はく》然《ぜん》として（ひっそりと静かで）感ずること無くして、体気（体内の気）和平なり。又た呼吸吐納し、服食して身を養い、形神をして相親しみ、表裏（外側と内側。身体と精神）をして倶に済《な》さしむる（完全なものにする）なり。

（『文選《もんぜん》』巻五三、嵇康「養生論」）

ここでは、形（身体）と神（精神）が互いに相手を待ってはじめて存在するものであることが明言され、聖人は「性」を修め「心」を安んじることによって、神を保ち身を全うすること、愛憎・憂喜の感情を留めることなく、「体気」を調和のとれた穏やかな状態に保つことが述べられている。そして、あわせて吐故納新の呼吸法や服食などの方法も用いて身を養うことによって、形と神が「相親しみ」、互いに離れずにいて、ともに完全なものとなるのだと言っている。形と神が離れずにいること(神が身から去らないこと)が長生につながるということは、第3講で『太平経』の「守一」について見たところにも出てきていた。

嵆康は右の文で、「心を安んじて以て身を全うす」と言っているが、同じことは他にも、「善く生を養う者は、……清虚静泰にして、私少なく欲寡し。……外物は心を累《わずら》わすを以て存せず、神気は醇白《じゅんぱく》なるを以て独り著す。曠然《こうぜん》として(広々として)憂患無く、寂然として思慮無し」(「養生論」)などと表現されている。私欲を少なくし、外物によって心を乱さないことによって、体内の「神気」の純粋さを保つことができ、それがひいては長生をもたらすことにつながると嵆康は考えていたのである。

2　司馬承禎『坐忘論』――安心坐忘の法

嵆康より四〇〇年以上のち、唐の道士、司馬承禎が著した『坐忘論』は、嵆康の「養生論」と同じく、「心を安んじる」ことによって段階を踏みながら不老長生に至る道筋を説いたものである。『坐忘論』については、近年、司馬承禎の作であることを疑う説も出されているが、ここではその問題には触れず、従来の通説どおり司馬承禎作と考えておくことにする。

『坐忘論』の「坐忘」という語は、『荘子』大宗師篇に「肢体を堕《こぼ》ち、聡明を黜《しりぞ》け、形を離れ知を去りて、大通《だいつう》(万物を生じ疎通させる大いなる道)に同ず。此れを坐忘と謂う」とあるのにもとづく。自己の身体を忘れ、心知を退け、すべてを忘れ去って、大いなる「道」の変化そのものと一体化した境地が「坐忘」である。『坐忘論』の序文で、『坐忘論』に説かれる修養法は「安心坐忘の法」であると言っており、「心を安んじる」ことと「坐忘」とが結びつけられている。

『坐忘論』では、修道の階梯として、信敬→断縁《だんえん》→収心《しゅうしん》→簡事《かんじ》→真観《しんかん》→泰定《たいじょう》→得道の七段階を挙げている。それは、要約すれば、「道」を信じ敬うこと(「信敬」)から出発して、俗事を断ち(「断縁」)、安坐して心を落ち着かせることに努め(「収心」)、己の分に応じ関与する事柄を少なくし(「簡事」)、心の安定によって得られた深い洞察力で物事を正しい視点から観じ(「真観」)、また、心の安定の中から顕現してきた「慧」をいたずらに働かせずに大切に保持し(「泰定」)、心に集まった「道」の力を身体全体に及ぼして長久なる生命を得る(「得道」)、という順序である。

この七つの段階のうち、最も詳しい説明があるのは、第三の「収心」の項である。『坐忘論』によれば、心は「一身の主、百神の師(帥か)」であり、静かであれば慧を生じるが、動けば昏迷の状態になるという。また、心の本体は道を根本としていて「無方」(無限定であり、無限の可能性を持つ)であるが、動いて塵埃に染められることによって、心の本体が蔽われて「道」と隔てられてしまう。したがって「道」を得ようとする者は身を静かに保たなければならず、そのために「安坐」(静かに坐ること)が必要になる。「道を学ぶの初めは、要《かなら》ず須《すべから》く安坐すべし。心を収め境を離れ、有する所無きに住し、一物に著《ちゃく》せざれば、自《おのずか》ら虚無に入り、心は乃ち道に合す」とあるように、静かに坐って心をととのえ、何事にも執着しなければ、虚無の境地に入り、心は「道」と合一するとされる。「安坐」が説かれたのは、『坐忘論』が書かれた時代の仏教界において、坐禅の実修について大いに論議されていたことと関係する。『坐忘論』は仏教の坐禅の論に刺激を受けて著された修道論であったと言える。

安坐して虚無の境地に入ることは、外の世界に向かって「道」を追求することではなく、自分の心の中に本来備わっている「道」に復帰する過程である。「道」への復帰の過程については、次のように述べている。

> 今若《も》し能《よ》く心垢《しんこう》を浄除し、神本を開釈《かいしゃく》すれば、名づけて修道と曰う。復た流浪すること無く、道と冥合し、安んじて道の中に在り。名づけて帰根《きこん》と曰う。根を守りて離れず。名づけて静定《せいじょう》と曰う。静定日に久しく、病消え命復し、復して又た続けば、自《おのずか》ら知常《ちじょう》を得。知なれば則ち明らかならざる所無く、常なれば則ち永く変滅無し。生死を出離するは、寔《まこと》に此れに由る。
>
> (『坐忘論』収心)

ここには「帰根」「静」「常」「明」などの語が用いられていて、『老子』第十六章の「夫れ物は芸芸《うんうん》たるも(盛んに繁茂していても)、各おの其の根に復帰す。根に帰るを静と曰い、是れを命に復《かえ》る(自分の運命に立ち返る)と謂う。命に復るを常と曰い、常を知るを明と曰う」をふまえていることがわかる。『坐忘論』の文中には、「病消え命復し」というような道教的・身体的要素や、「生死を出離する」というような仏教的な表現も見えているが、「道」への復帰ということについては、『老子』の思想に依拠していると言える。

3　止観と坐忘——「形神合一」の理想

『坐忘論』は、修道の階梯の第五が「真観」、第六が「泰定」と名づけられていることからも推測できるように、仏教の止観《しかん》の影響も受けている。止観とは、辞典の説明を引用すれば、「心を外界や乱想に動かされず静止させる śamatha(止)と、それによって正しい智慧をおこし対象を観ずる vipaśyanā(観)とをいい、戒定慧《かいじょうえ》(三学)の〈定〉と〈慧〉に相当するが、〈止〉と〈観〉とは互いに他を成立させて仏道を完《まっと》うさせる不離の関係にある」(『岩波仏教辞典』第二版)。司馬承禎の時代にやや先立って、天台智顗《ちぎ》(五三八～五九八)の『摩訶止観《まかしかん》』と『天台小止観』(『修習止観坐禅法要』)が成立しており、『坐忘論』は特に『天台小止観』を意識しながら書かれた可能性がある。
『坐忘論』の「真観」の項には、あらゆる執着を離れたあとでもう一度物事を振り返ってみること（「返観」）や、「境を離るるの心を将《もっ》て境を観る」こと、あるいは、すべての物事は「空」であると観じることによって執着や苦しみを超越すべきであるということなどが説かれていて、仏教的な色彩が強い。
一方、「泰定」の項は『荘子』の思想が濃厚であり、天台止観の影響を受けながらも、それとは異なる主張が見られる。「泰定」について、『坐忘論』では、「形は槁木《こうぼく》の如く、心は死灰の若《ごと》く、感ずること無く求むること無く、寂泊《せきはく》の至なり。定に心無くして定まらざる所無し」という状態であると説明されていて、これは「安心坐忘」が達成された境地と見られる。「形は槁木の如く、心は死灰の若し」という表現は、『荘子』斉物論《せいぶつろん》篇の文をふまえ、「泰定」という語そのものも、『荘子』庚桑楚《こうそうそ》篇に「宇泰《こころおお》いに定まれば天光を発す」とあるのにもとづく。庚桑楚篇のこの文について、『坐忘論』は次のように解釈している。

心は道の器宇たり。虚静至極なれば則ち道居りて慧生ず。慧は本性より出《い》でて、適《ただ》に今有るのみに非ず。故に天光と曰う。

（『坐忘論』泰定）

心は「道」の容れ物であって、心が虚静であれば「道」が心に存在し、そこに慧が生じる。慧は「本性」から出てくるもの、すなわち、人が本来的に具有しているものであると考えられている。慧が生じることについては、「澡雪柔挺《そうせつじゅうてい》し、純静に復帰すれば、本真の（もともと備わっている真実の）神識は稍稍《しだいに》自ら明らかなり。今時に別に他慧を生ずるを謂うに非ず」とあり、新たなものが生じるわけではなく、隠されていた本来の智慧が顕れてくるのだと説かれている。

では、顕現してきた慧をどのようにすればよいのであろうか。『坐忘論』では、「慧既に生じ已《おわ》らば、宝として之を懐《いだ》き、多知を為《な》して以て定を傷つくること勿《な》かれ」といい、慧をいたずらに働かせて定を傷つけてしまうことを戒めている。これは、『荘子』繕性《ぜんせい》篇に、「古の道を治むる者は、恬《てん》を以て知を養う。知生ずるも知を以て為すこと無し。之を知を以て恬を養うと謂う。知と恬と交《こも》ごも相養いて、和理は其の性より出づ」とあるのをふまえ、『荘子』の「恬」を定、「知」を慧と解釈し、「知」（慧）が生じてもそれを用いずに、「恬」（定）を養うことが大切であるとしているのである。

このように、慧の働きを抑制し、定を完全な形で保持しようとする『坐忘論』の考え方は、天台止観の考え方とは異なっている。『天台小止観』に「定慧を均斉《きんせい》ならしめんために止観を修す」（大正四六、四六七下）といい、「若し此の観（中道の正観）に住すれば、則ち定慧の力等しく、了了として仏性《ぶっしょう》を見る」（大正四六、四七二下）とあるように、天台止観では、定と慧が等しい力を持ち相互に補い合うことを重んじている。坐忘と止観の違いはこの点にあると言わなければならない。

『坐忘論』が慧の働きを抑制し、定の損なわれないことを重んじるのは、慧が働くことによって、虚静の心に存在する「道」の力が弱まるのを恐れるからである。修道の最終階梯である「得道」の項に、次のようにある。

虚心の道は、力に深浅有り。深ければ則ち兼ねて形を被《おお》い、浅ければ則ち唯だ其の心に及ぶ。形を被う者は則ち神人なり。心に及ぶ者は、但だ慧覚《えかく》を得るのみにして、身は謝するを免れず。何となれば則ち慧は是れ心の用にして、用多ければ則ち体労す。初めて少慧を得て、悦びて多弁なれば、神気散洩し、霊の身を潤す無く、生は早終を致し、道は故《もと》より備わり難し。

（『坐忘論』得道）

「道」の力には深浅があり、その力が深くて形（身体全部）に及ぶ場合は神人になるが、浅い場合は心に及んで慧覚を得るだけであるとし、少しばかりの慧を得て、喜んで多弁になれば、「神気」が漏れて若死にしてしまうと言っている。身体の「神気」のことを問題にしそれが長生に関わっているとする点は、上述の嵆康「養生論」と同じである。「道」と形・神との関係については、同じく「得道」の項に、「道には至力有り、形神を染め易《かえ》る。形は道に随いて通じ、神と一と為る。形神合一《けいしんごういつ》す、之を神人と謂う。神性虚融《しんせいきょゆう》にして、体に変滅無し。形 之と同ず、故に生死無し」とも言っている。道の力によって「神気」が体内に充満する「形神合一」の理想が達成されて生死をも超越すること、これが『坐忘論』の説く修道の究極の境地なのである。

4 外丹と内丹

第3講の最後に、葛洪の『抱朴子』では、外の物質(「外物」)を体内に取り入れることによって身体を変化させること、具体的には、化学的な操作によって作り上げた還丹金液(金丹)を服用して不老不死の神仙になることが理想とされていたことを述べた。このように、金石草木を調合して不老不死の薬物を錬成することを「外丹」(錬丹術)といい、唐代頃には盛んに行われてさまざまな方法が説かれ、中でも鉛と汞《こう》(水銀)を配合することが外丹の中心になった。しかし、外丹は材料の確保などに多くの困難が伴い、危険な方法でもあった。

一方、「内丹」は瞑想法などを通じて、自分の体内の気を精錬することによって、身体内部に金丹を作り出そうとするものである。「内丹」という語の早い用例は、南岳慧思《なんがくえし》(五一五〜五七七)が著した『立誓願文《りっせいがんもん》』に見える。慧思は上述の天台智顗の師にあたる僧であり、『立誓願文』は末法の世における自らの求道と一切衆生の済度の誓願を述べたものである（『立誓願文』の作者については異説もあるが、ここではひとまず慧思の作と考えておく）。その中に次のような文がある。

我今、山に入りて苦行を修習し、破戒障道《はかいしょうどう》の重罪を懺悔す。今身及び先身、是れ罪は悉く懺悔す。護法の為の故に、寿命を長らえんことを求め、天及び余趣に生まるるを願わず。願わくは諸賢聖、我を佐助せんことを。好《よ》き芝草及び神丹を得て、衆病を療治し饑渇を除き、常に経行《きょうぎょう》（瞑想しながら、一定の距離をゆっくりと反復往来して歩くこと）して諸禅を修するを得んことを。願わくは深山寂静の処を得て、神丹薬を足らし（十分に得て）此の願を修し、外丹の力に藉《か》りて内丹を修せんことを。衆生を安んぜんと欲し先ず自ら安んず。己の身に縛有りて能く他の縛を解くは、是の処《ことわり》有る無し。（『立誓願文』大正四六、七九一下）

ここには「内丹」の語とあわせて「外丹」の語も出てくる。慧思は、入山修行の目的が仏法を護り衆生を済度するためであること、その目的を達成するには自らの寿命を長らえる必要があり、そのために「好き芝草及び神丹」を得て健康を保ち修禅に励むことができるように願っている。それが「外丹」であるが、一方、「内丹」はここでは比喩的な意味あいで使われていて、慧思の場合、実際には経行して修禅すること、もしくは経行修禅を持続するエネルギーを体内に得ることを言っているのであろうか。いずれにせよ、「外丹」と対にして用いられていることから、慧思の時代に「内丹」という語が存在し、仏教者によっても関心が持たれていたことがわかる。

後述するように、内丹について述べた文献が増えてくるのは宋代以後であるが、外丹が盛んであった唐代においても、内丹理論の萌芽的なものがいくつかの書物に出てくるようになる。たとえば、幻真《げんしん》先生の『胎息経註《たいそくきょうちゅう》』には、次のような文が見える。

修道者は常に其の炁を臍《へそ》の下に伏し、其の神を身内に守り、神と炁と相合して玄胎《げんたい》を生ず。玄胎既に結べば、乃ち自ら身を生ず。即ち内丹不死の道なり。

（『胎息経註』）

ここには、「臍下」（下丹田）・「玄胎」など、のちの内丹法で用いられるような語が出てきていて、「内丹不死の道」という表現も見える。

また、唐末五代の人、崔希範《さいきはん》が著した『天元入薬鏡《てんげんにゅうやくきょう》』には、「夫れ内丹を養う者は、身は鼎《てい》に法《のっと》り、精炁は鉛汞に像《かたど》り、坎離《かんり》は水火に像る」（『修真十書』巻二一）として、鼎・鉛汞など外丹で用いられる道具や材料の語を用いて内丹を説明したり、「若し心を乱し炁を敗り、体を労し神を傷つくれば、漸《ようや》くにして真胎《しんたい》を耗散《こうさん》す。老子の所謂《いわゆる》盈満《えいまん》の器を持つが如し。一心に内に覓《もと》め、外に求めしむる無し。日月は天地の至精、坎離は人身の大薬なり。故に聖人は外を密にして内を知り、以て神変の功を明らかにす」(同)などと、身心を乱さず「神」「炁」を守って「真胎」を保持するという内丹の基本理念が記されている。

5 『悟真篇』と性命双修――内丹の方法と思想

宋代以降、不老長生法の主流は外丹から内丹の方に移り、内丹のことを説いた書物が多く著された。中でも代表的なものは、北宋の張伯端《ちょうはくたん》(九八七〜一〇八二)の『悟真篇《ごしんぺん》』である。『悟真篇』は『周易参同契』と並んで内丹の根本経典とされ、大きな影響力を持っていた。

『悟真篇』の内丹法は、「金丹」を体内で錬成する段階と、それを身中にめぐらす「金液還丹」の段階に分かれている。前者の金丹錬成の段階とは、「腎臓の部位に感じられる気(坎☵)からは陽気「真陽」(⚊)が生じ、心臓の部位に感じられる気(離☲)からは陰気「真陰」(⚋)が生じる。そして、前者の陽気を後者の陰気に意識的に交合させれば、至陽の気たる「金丹」(乾☰)が丹田に結ばれる」(吾妻重二「『悟真篇』の内丹思想」六一六頁)というもの、後者の「金液還丹」の段階とは、「丹田に生じた金丹を、火候をふまえながらあるいは強く、あるいは弱く育成していき、身中の精気を金液に変化させる。この時、金液は督脈と任脈、すなわちいわゆる

「小周天」のルートに沿って身体を還流する。そして、十カ月ののちこの修養は完了し、かくして身体は「純陽の軀」に変じて神仙となる」（同、六一八頁）というものである。身体内部に意識を集中して体内の気をめぐらすという点と、修養が一〇カ月続くという点に注目したい。唐代以前から道術としてあった、体内神を存思する法や行気の法（第3講参照）などが、内丹法の重要な要素となっていることがわかる。

『悟真篇』の思想面での特徴は、性命双修を唱えたことにある。張伯端は次のように言っている。「道」を学ぶ者は、「性の理」に通じないで、ただ「金丹」だけを修めるのであれば、「性命の道」が備わらないことになってしまう。それゆえ、この『悟真篇』は、「先ず神仙の命術を以て其の修錬を誘い、次に諸仏の妙用を以て其の神通を広め、終わりには真如覚性《しんにょかくしょう》を以て其の幻妄を遣り、而して究竟空寂《くきょうくうじゃく》の本源に帰す」、すなわち、「命」（生命・身体）の修錬から始まって、「性」（心性・精神）の修養へと進み、究極的には、禅の「空」の悟りへと帰するものである、と（「禅宗歌頌」『修真十書』巻三〇）。張伯端は、「性命は本《もと》 相離れず、道釈は本 二致無し。……性命兼ねて修む、是れを最上乗の法と為す」（『歴世真仙体道通鑑』巻四九「張用成」）と語っていたという資料があるように、「性」に重きを置く仏教と、「命」に重きを置く道教は不可分のものであり、「性命兼修」こそ最上の修養法であると考えていた。「性命兼修」とは、心の修養と体の修錬をあわせて行うということであり、一般には性命双修と呼ばれ、全真教における重要な概念となった。性命双修は、心と体は切り離しがたく結びついていると見る中国的思惟の上に立つ修養論を象徴する言葉である。

そのほか、内丹法に見られる思想として注目すべきものに、内丹の修練は人体の形成を逆行する過程であるという考え方がある。これは、『悟真篇』と同じ頃に現れた『鍾呂伝道集《しょうりょでんどうしゅう》』『西山群仙会真記《せいざんぐんせんかいしんき》』などの内丹書に説かれているもので、修行を進めると、「形→気→神→道」の順で人体の生成を遡り、神仙に近づくという説である。この説は、最初の「形」が「精」とされる場合も多くなり、白玉蟾《はくぎょくせん》（一一九四～？）をはじめ南宋の道士たちに継承され、さらに、元の李道純《りどうじゅん》が著した『中和集』（本講扉）では、修行過程を「一、錬精化気」「二、錬気化神」「三、錬神還虚」の三段階に分け、「精→気→神→虚」という説を説いている。このように人体の形成を逆行して神仙に近づくという考え方は、実は唐代の文献にすでに見えており、それが内丹の理論として用いられたことがわかる。これについては、のちほど述べることにしたい。

6 存思と胎結解消の思想

宋代以後に盛んになる内丹は、それ以前から不老長生の法として考えられていた内観存思・行気胎息などの道術を基礎としている。これらの道術は古くからあったもので、戦国時代の「行気玉珮銘」のことや、『太平経』に見える「守一」と五臓神存思、『抱朴子』の「守一」については、第3講ですでに述べた。

意識を集中し、あたかも目の前にいるように現れた神々と交感したり、「気」が体内をめぐるさまを思い描く内観存思の法は、六朝時代には上清派道教で特に重視された。たとえば、上清派の出発点となった『真誥』には、日月（太陽と月）の光線（気）を取り込み、それを体内にめぐらせることによって健康を保持する「日月在心泥丸《にちげつざいしんでいがん》の道」や、日月の神々を思い描いて体内に導き入れ、その神々と一緒に日月のもとに昇る「奔二《ほんに》景《けい》の道」という道術の名が見える。また、上清派の重要経典『黄庭内景経《こうていないけいきょう》』『大洞真経《だいどうしんきょう》』などには体内神の名前や居所が詳細に記され、それらを存思し、あわせて呪を唱え誦経を実践することによって昇仙できるということが説かれている。

内丹とのつながりで、特に注目されるのは、存思の過程において「胎結《たいけつ》」（胎胞に生じる「結」、すなわち結ばれて解きにくくなったもの）を解消することが説かれている点である。上述のように、内丹法によって体内に作られる金丹は、聖胎や玄胎、あるいは真胎などと呼ばれ、また、『悟真篇』では一〇カ月かけて修養が完了すると言っている。内丹は胎児が育つイメージと結びつけられていて、内丹という考え方は人体の形成と関連していることがわかる。

六朝時代の道教経典で人体の形成がどのように説かれているかというと、第4講で神学的色彩の濃い宇宙生成論を説く経典として取り上げた『洞玄霊宝自然九天生神章経』には、天地宇宙の生成を説いた直後に、人体の形成のことが述べられている。次のような文である。

> 人の生を胞胎《ほうたい》の中に受くるや、三元育養し、九炁形を結ぶ。故に九月にして神布《し》き炁満ち能く声す。声尚《ひさ》しく神具わりて、九天慶を称す。……生まるるの時に当たりても、亦た陋《ろう》と為さざるなり。所以《ゆえ》に能く其の形を愛し、其の神を保ち、其の炁を貴び、其の根を固めれば、終に死壊せずして、神仙を得、骨肉同《とも》に飛び、上は三清に登る。是れ三炁と徳を合わせ、九炁と斉《ひと》しく并《なら》ぶなり。
>
> （『洞玄霊宝自然九天生神章経』）

人は胎内に生を授かると、三元の神（天宝君・霊宝君・神宝君）に育てられ、九カ月たつと九炁がそなわり、天上の多くの神々が体内に降りてきて、生まれてくる。人は、「その体内に神々の世界のレプリカを有する神の子」（麥谷邦夫『六朝隋唐道教思想研究』三二頁）であり、体内神を通じて天上の至上神とつながっている。したがって、本来そなわっている「神」や「炁」を大切に守っていれば、死ぬことはなく、神仙となって昇天できるというのである。しかし、実際にはそれができずに、人は死を迎えてしまう。

人が死に至る原因として、六朝時代の道教経典、たとえば『上清九丹上化胎精中記経《じょうせいきゅうたんじょうかたいせいちゅうききょう》』では、胎胞に生じる「結」が生誕後の体内に根を下ろして身体の器官の正常な働きを妨げ、病気と死亡の原因になっていると説く。そこで、長生不死を求めるためには、結を解きほぐさなければならない。そのために用いられるのが、九天元父・九天元母など天上の神々のことを存思するという方法である。存思の中で、神々とともに結を解きほぐし、死につながる胞根を絶滅して、神仙への可能性を持つ身体に変えていくということが説かれている。

同様のことは、『大洞真経』にも、「兆の身には常に死関あり、胎を結んで百神を害す。百神胎結を解き、胞内の根を抜き散ずれば、七祖は帝室に入り、一体は神仙に合す。神仙は玉堂に会し、七祖は南宮に生まる」などと見え、存思を行って「胎結」を解くことが、自身の昇仙のみならず、亡き祖先が「南宮」(第4講参照)に生まれ、神仙への道を進むことを可能にすると説かれている。

以上のような六朝時代の道教経典の身体観や、存思を行うことによって「胎結」を解消し昇仙するという考え方は、瞑想の中で体内に理想の胎を育む内丹と、その発想法の点でつながりがあると見てよいであろう。

7「形→気→神→虚(道)」——呉筠の神仙可学の思想

内丹の修錬は人体の形成を逆行する過程であるという考え方があることは、すでに述べた。その思想を、唐代において明確に述べているのは呉筠《ごいん》である。呉筠は李白とも交遊のあった文人道士で、著作としては、天宝一三年(七五四)に玄宗に献上した道教理論書『玄綱論』と、「神仙可学論」「形神可固論」などの文を収めた『宗玄先生文集』がある。

呉筠は、人の身体は「虚→神→気→形」の順で作られるとする。次のように述べている。

塊然《かいぜん》の有、起こること寥然《りょうぜん》の無よりす。虚を積みて神を生じ、神用《はたら》きて気を孕み、気凝《こ》りて漸く著《あら》われ、著を累《かさ》ねて形を成す。形立ち神居りて乃ち人と為る。(「神仙可学論」)

「虚」とは人が生まれる前の全くの無の状態、「神」は、「神とは無形の至霊なる者なり。神は道より稟《う》け、静にして性に合す。人は神より稟け、動きて情に合す」(『玄綱論』率性凝神章)とか、「夫れ我を生ずる者は道、我に稟くる者は神なり」(『玄綱論』性情章)というように、個々の人間が「道」から授かった無形至霊のものであると説明されている。

そして、呉筠は、すべての人間は修学・修錬によって「虚→神→気→形」という生成順序を逆にたどり、「神」と契合し、「虚」(「道」)と一体になることができるとし、次のように述べる。

故に其の流遁《りゅうとん》に任せば則ち死し、其の宗源《そうげん》に反《かえ》れば則ち仙なり。所以《ゆえ》に真を招きて以て形を錬り、形清ければ則ち気に合す。道を含みて以て気を錬り、気清ければ則ち神に合す。

体　道と冥す、之を得道と謂う。道は固《もと》より極まり無し、仙豈《あ》に窮まり有らんや。

（「神仙可学論」）

生成の過程を一段階ずつ逆にたどり、「形」を純化し、「気」を純化して、最後に「道」と冥合し、無窮の存在である神仙になった段階を、呉筠は「形神合同」（『玄綱論』学則有序章）と表現している。そして、その段階に至るためには、「得性」（心の修養）と「錬形」（身体の鍛錬）の両者が兼ね備わることが必要であるとし（『玄綱論』以有契無章）、「錬形」の方法として服炁・守神・反精・胎息・金丹などの道術（「形神可固論」）、「得性」の方法としては「習静」（静の状態を持続すること）を説いている（『玄綱論』会天理章）。

人間生成の過程を逆にたどる修錬を行うことによって神仙になることができるという考え方は、呉筠だけではなく、当時の道教において共有されていたようである。上述した司馬承禎の『坐忘論』の末尾には、「坐忘枢翼」という文が附録としてついている（道蔵本）。「坐忘枢翼」には、『坐忘論』では言及されていなかった、修道の進み具合に応じて心身に表われるという兆候（五時と七候）のことが述べられている。

「心の五時」とは、修行が進むにつれて、心の中から動が減少して静が増してくる過程を言っている。一方、「身の七候」は、第一は「挙動時に順《したが》い、容色和悦す」、第二は「夙疾《しゅくしつ》普《あまね》く消え、身心軽爽なり」、第三は「夭傷《ようしょう》を塡補し、元に還り命に復す」、第四は「数を延ばすこと千歳、名づけて仙人と曰う」、第五は「形を錬りて気と為す、名づけて真人と曰う」、第六は「気を錬りて神と成る、名づけて神人と曰う」、第七は「神を錬りて道に合す、名づけて至人と曰う」とあり、ここでも錬形↓錬気↓錬神の三段階が明記されている。以上のことから明らかなように、人体の形成を逆行するという内丹理論は、すでに唐代の道教思想の中に準備されていたのである。

第7講

倫理と社会思想

政治哲学としての道教

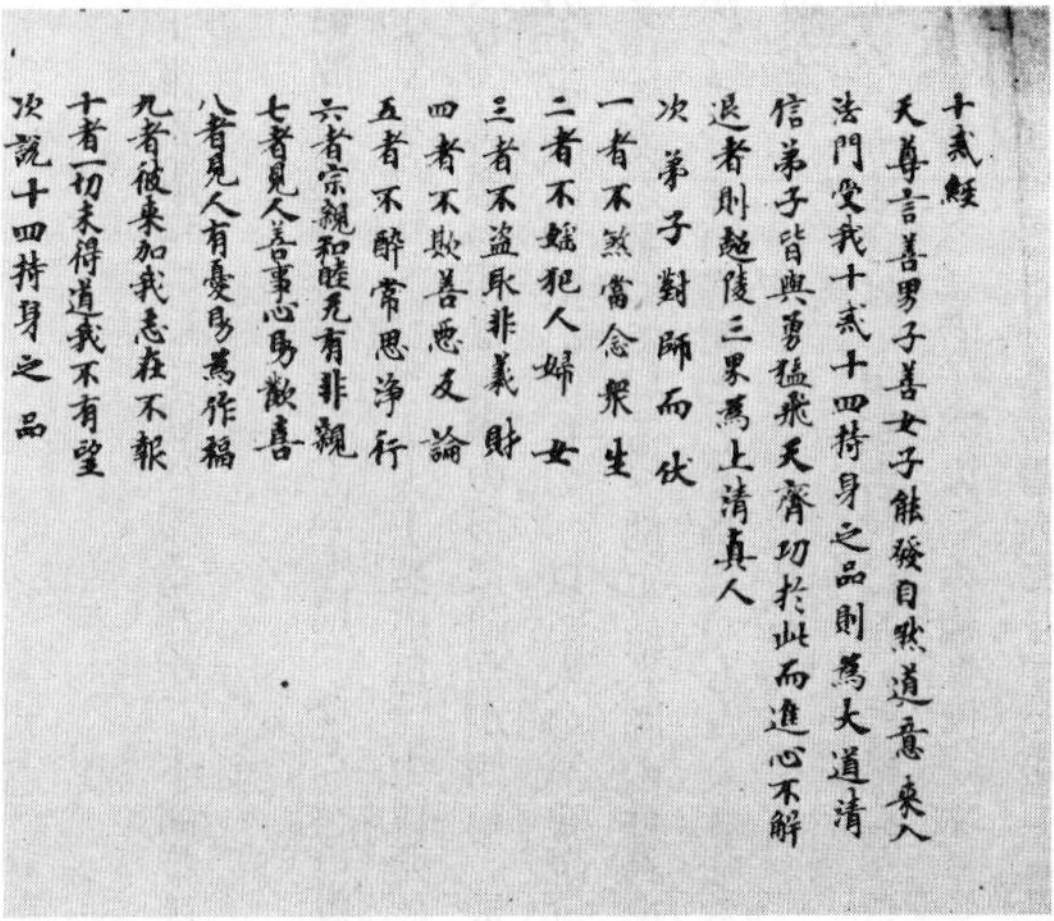

十戒経
天尊言善男子善女子能發自然道意來入
法門受我十戒十四持身之品則為大道清
信弟子皆與勇猛飛天齊功於此而進心不解
退者則超陵三界為上清真人
次弟子對師而伏
一者不煞當念衆生
二者不婬犯人婦女
三者不盗取非義財
四者不欺善悪反論
五者不醉常思浄行
六者宗親和睦无有非親
七者見人善事心助歡喜
八者見人有憂助為作福
九者彼來加我志在不報
十者一切未得道我不有望
次説十四持身之品

敦煌写本『十戒経』(大淵忍爾『敦煌道経 図録編』福武書店，1979年より)

1 行為の善悪と天の賞罰

ここまで道教の生命観、宇宙論、救済思想、修養論について述べてきたが、本講では、倫理・社会思想について見ていこう。

道教の日常倫理としては、宋代以後に民衆の間で流行した『太上感応篇』などの善書(勧善書)や行いの善悪を点数化した功過格のことがよく知られている。『太上感応篇』の冒頭には、「太上曰く、禍福は門無く、唯だ人自ら召すなり。善悪の報は、影の形に随うが如し。是《ここ》を以て天地に司過《しか》(過失をつかさどる)の神有り、人の犯す所の軽重に依りて、以て人の算を奪う。算減ずれば則ち貧耗し、多く憂患に逢う」云々という文が載っている。地上の人間の行為を天の神がしっかりと見ていて、行いの善悪にしたがって、その応報として禍福がもたらされるという観念が、善書や功過格の基本にあることがわかる。

天の神が人の行為の善悪に応じて禍福を下すという観念は、中国古代において早くから見られる。人の行いの善悪と天との関係を述べたものとして、『老子』の「天網恢恢《てんもうかいかい》、疎《そ》にして漏らさず」(第七十三章)とか、「天道は親《しん》無く(えこひいきをせず)、常に善人に与《くみ》す」(第七十九章)という言葉はよく知られているし、家単位の因果応報を説く『易』の積善余慶の思想(第5講参照)も、やはりこのような観念が根底にある。

諸子百家の中で、人に対して天の神が賞罰を与えるということを明確に述べたのは墨子である。『墨子』天志篇では、天は義を欲して不義を悪《にく》むものであり、人が義を行えば賞として福禄(生・富・治など)が与えられ、不義を行えば罰として過祟《かすい》(死・貧・乱など)が与えられること、天の意《こころ》に順って人々を博く愛し厚く利する義の政治を行った者は聖王と称せられ、天の意にそむいて人々をそこなう政治を行った者は暴王と呼ばれることが説かれている。『墨子』における善と悪の区別の基準は、天の意志に合致するか否かという点に置かれている。

『墨子』のこのような考え方は、漢代の災異思想に継承された。災異思想というのは、自然界に起こる異常現象(災害と怪異)は人君が天の意志に反する行為をしたことに対する天の譴告《けんこく》であるとするもので、前漢の董仲舒《とうちゅうじょ》(?~前一〇四)らによって説かれた。董仲舒が著した『春《しゅん》秋繁露《じゅうぼんろ》』には、天の意志は自然界の「気」の変化として示され、人君は自然界の法則性に順う政治を行うことが求められると説かれている。『春秋繁露』のこのような思想は、第5講で述べた、後漢末の『太平経』の思想につながっていく。

『墨子』や災異思想の場合、行為の善悪といっても、特に人君の行いのことが問題にされており、したがって、政治思想としての色彩が強いが、『太平経』の場合は、政治思想の側面だけではなく、ひとりひとりの普通の人間の行為の善悪と天の賞罰との関係についても具体的に説かれている。『太平経』の承負の思想は、天に対する罪の意識から出発しているものであるから、それ自体が政治思想と宗教的倫理思想の両面を含んでいると言える。

2『太平経』の倫理思想

第1講で述べたように、最初の道教教団である太平道や五斗米道においては、病気を治すために、自己の犯した罪を神々に告白懺悔するという方法が用いられた。それは、病気は天の神が与える罰であるという観念に基づくもので、太平道では「首過《しゅか》」(過失を告白すること)が行われ、五斗米道では「思過《しか》」(過失を反省すること)が行われたとされている。

自分の行いの善悪をかえりみて過失を反省するという倫理的な行為は、『太平経』においては、養生術と並んで、不老長生を得るための方法としても重要な意味を持っている。『太平経』で説かれる養生術として「守一」と五臓神存思があることを第3講で述べたが、その「守一」については、特別に設けられた部屋の中で行い、それによって人は、「具《つぶさ》に善悪過失の処を知り、然る後、能く道を守る」(『太平経』巻九六、合校四一二頁)ようになると説かれていて、「守一」そのものが善悪過失を知ることにつながっているという。

また、五臓神存思に関連して、『太平経』では、五臓の中でも特に心(心臓)が倫理と直結しているという説明が見える。心臓に宿る神は「心神」と呼ばれるが、これは本来、天に属するものであり、「天は心神を遣わして人の腹中に在り。天と遙かに相見て、音声相聞こゆ」（『太平経』巻一一一、合校五四五頁）とあるように、天から人の身中に派遣されてきたもので、天と通じ合っている。そして、「心は五臓の主、主は即ち王なり。王は正を執るを主り、過ち有れば乃ち天に白《もう》す」（『太平経鈔』癸部、合校七一九頁）とあるように、人の正邪をつかさ《つかさど》どる役目を持つ心神は、人の身体を抜け出して、その人が犯した過失を天に報告するとされている。

行いの善悪が寿命の長短と深く関わっているという記述は、『太平経』の随所に見えるが、そのしくみについては、次のように説かれている。人の生死は天の神のもとにある「録籍《ろくせき》」とか「命籍《めいせき》」と呼ばれる名簿によって管理されていて、神仙になることができる人の録籍と死すべき一般の人の録籍とは区別されている。しかし、その名簿記載は決定的なものではなく、その人の行いの如何によっては寿命が増減され、他の録籍に移されることもある。すでに悪事を犯してしまってからでも自責して悔い改めれば、神仙の録籍に移り、逆に、善人も悪事をなせば、死すべき者の録籍に移ることになる。その人がどういう行いをしたかは、心神がすべて監視しているから、善悪の応報に誤りはない、と。

次に、『太平経』ではどのような行いが善とされたのであろうか。結論を先に述べれば、その基準は、儒教の倫理規範と全く同じである。次のような文が見える。

天下の事、孝忠誠信を大と為す。故に自ら放恣《ほうし》するを得る勿《な》かれ。復た人の算を奪い、長久なるを得ず。（『太平経』巻一一〇、合校五四三頁）

天下の事、孝を上第一と為す。……天は其の録籍を定め、不死の中に在らしむ。是れ孝の家なり。（『太平経』巻一一四、合校五九三頁）

「孝忠誠信」というような儒教的な倫理道徳を守ることが善であり、それに背けば寿命が減らされること、中でも、「孝」が最上の善であって、それによって不死の神仙の仲間入りができることが説かれている。

『太平経』では善行を積み重ねて不死の録籍に入ることを理想としているわけであるが、その善行というのは、「孝」を最重要視する儒教の倫理道徳と同じである。このような傾向は、『抱朴子』や『太上感応篇』などにもそのまま継承されていく。

3 『抱朴子』の倫理思想

ここまでに何度か触れてきたように、葛洪は、神仙になる方法として金丹第一主義の考えを持っていたが、人として徳行を修めることの重要性についても説いている。『抱朴子』対俗篇によると、葛洪は、「道を為《おさ》むる者は当《まさ》に先ず功徳を立つべし」という意見に賛同し、『玉鈐《ぎょくけん》経中篇《きょうちゅうへん》』という書からの引用として、「功を立てる」ことが最上、「過を除く」ことがその次に大事であり、「仙を求めんと欲する者は、要《かなら》ず当《まさ》に忠孝和順仁信を以て本と為すべし。若《も》し徳行修まらずして但だ方術に務むるのみなれば、皆、長生を得ざるなり」と述べている。「忠孝和順仁信」は、まさに儒教で重んじられる人倫道徳である。

続いて、行いの善悪と寿命との関係について、大きな悪事を行えば、司命《しめい》(寿命をつかさどる神)によって、本来定まっている寿命から「紀」(三百日)が奪われ、小さい過ちの場合は「算」(三日)が奪われること、地仙になるには三百の善、天仙になるには千二百の善を行い続ける必要がある(途中で一つの悪事を行えば、最初から数え直しになる)こと、積善の数を満たさなければ、仙薬を服しても益がないことなどが述べられている(『抱朴子』対俗篇)。

行為の善悪によって寿命が増減されることは、『抱朴子』微旨篇にも見える。微旨篇では、長生の道を修めようとする場合の禁忌(避けるべきこと)は何かという文脈の中で、このことが出てくる。根本的に大事なこととして、「禁忌の至急は、傷つけず損なわざるに在るのみ」とした上で、葛洪は、寿命の増減について、『易内戒《えきないかい》』や『赤松子経《せきしょうしきょう》』、『河図記命符《かときめいふ》』などの書からの引用として次のように述べる。人の身中に入り込んでいる「三尸《さんし》」(魂霊鬼神の類い)が庚申の日に天に上って司命に人の過失を述べ、また、月の晦日《みそか》の夜には竈の神も天に上って人の罪状を報告して、その結果、「算」や「紀」が奪われる、と。

民間信仰的な観念に由来するであろうこのような考え方に対して、葛洪は、「吾亦た未だ此の事の有無を審《つまび》らかにせず。然れども天道は邈遠《ばくえん》にして、鬼神は明らかにし難し」と述べ、そのことの有無については判断を保留しつつも、至大なる天地には「精神」が存在するはずであり、そうである以上、天地が「善を賞して悪を罰する」と考えるのは適切であろうとしている。

この「三尸」の話は早くから日本に伝わり、平安時代には貴族たちの間で、庚申の日に徹夜して身を慎み、三尸が体から抜け出せないようにする「守庚申《しゅこうしん》」が行われた。のちに、仏教や修験道など日本のさまざまな信仰・習俗と結びついて庚申信仰が出てくるが、それは『抱朴子』に記されたこの話に由来する。

微旨篇ではさらに、「道戒」(道誡と同じ)として定められた善悪の行いを列挙している。善行として挙げられているのは、次の事柄である。

善を積み功を立て、物に慈心あり、己を恕《じょ》して(自分の気持ちから相手を思いやって)人に及ぼし、仁は昆虫に逮《およ》ぶ。人の吉を楽しみ、人の苦を愍《あわ》れみ、人の急(危急)を賙《すく》い(救済し)、人の窮を救う。手は牛(生き物)を傷つけず、口は禍を勧めず。人の得を見ては、己の得の如くし、人の失を見ては、己の失の如くす。自ら貴《たっと》しとせず、自ら誉めず、己に勝るものを嫉妬せず。佞諂《ねいてん》陰賊せず(こびへつらったり、ひそかに悪事を行ったりはしない)。

(『抱朴子』微旨篇)

他者への思いやりの心、小さな生き物に至るまですべての命を大切にする気持ち、謙譲の精神などが中心で、これらを実践すれば、「福を天に受け」、神仙への道が開けるとされている。

逆に、悪行としては、「善を憎み殺を好み、口に是にして心に非、背向辞を異にし(あちらを向いたときとこちらを向いたときで違うことを言い)、直正に反《そむ》き戻《もと》る」から始まって、「姦利を採取し、人を誘いて物を取らしめ、井を越え竈を跨《また》ぎ、晦《みそか》に歌い朔《ついたち》に哭す」に至るまで事細かに列挙されていて、その数は善行の数倍に及ぶ。その中には、「仙聖を謗訕《ぼうせん》し(そしり)、道士を傷残す」というような神仙的・道教的な表現も含まれてはいるが、人を傷つけるなとか、人に悪事をするように勧めるなとか、人の物を略奪するなとか、邪淫を行うなとかいうような、日常倫理的な内容が大半を占めている。「傷つけず損なわざる」ことが「禁忌の至急」であるという、根本的な精神も生かされている。そして、これらの悪事について、「凡そ一事有れば、輒《すなわ》ち是れ一罪なり。事の軽重に随って、司命は其の算紀を奪い、算尽くれば則ち死す。但だ悪心有りて悪迹無き者は算を奪う。若《も》し悪事にして人を損なう者は紀を奪う」と述べている。実際に悪事を行わなくても、悪心を抱いただけで「算」を奪われるとされていることは注目すべきであろう。

4 霊宝経の戒

『抱朴子』の「道戒」について述べてきたが、この「道戒」という語は、『太平経』や『老子想爾注』にも見える。『太平経』巻七一に、「善を致し邪を除き人をして道戒を受けしむる文」が収められていて、「道には乃ち大戒有り、之を慎まざる可からず」という神人の言葉が載っている。また、『老子想爾注』には「道誡(戒)」を守らなければならないと繰り返し説かれていることについては、すでに第2講で例を挙げながら述べた。

上述のように、道教の戒はもともと儒教的な倫理道徳と、他者を傷つけ損なうことなかれという日常倫理を中心とするものであったが、六朝時代半ば以降、仏教の思想や儀礼を取り入れつつ、道教が宗教としての体系を次第に整えてくると、戒についても仏教の戒からの影響が見られるようになる。六朝時代に仏教思想を多く受容して作られた霊宝経には、道を奉じる者が守るべき戒として多くの種類の戒が書かれている。それらはおおむね仏教で説かれる戒と中国の伝統的な日常倫理とが融合したようなものとなっている。たとえば、霊宝経の一つ、『太上《たいじょう》洞玄霊宝智慧定志通微経《どうげんれいほうちえていしつうびきょう》』に見える「十戒」は、次のような内容である。

一には、殺さず、当に衆生を念ずべし。

二には、人の婦女を婬犯せず。

三には、義に非ざるの財を盗み取らず。

四には、欺きて善悪反論(善悪正反対の議論)せず。

五には、酔わず、常に浄行を思う。

六には、宗親和睦し、親(親族)を非《そし》ること有る無し。

七には、人の善事を見れば、心に助して(自分も同じように)歓喜す。

八には、人の憂い有るを見れば、助けて為《ため》に福を作《な》す。

九には、彼来たりて我に加うるも(相手の方から私に危害を加えても)、志は報いざるに在り。

十には、一切未だ道を得ざれば、我は望みを有せず。

(『太上洞玄霊宝智慧定志通微経』)


この「十戒」のうち、第一から第五は、仏教の在家信者の戒である「五戒」、すなわち、不殺生、不偸盗、不邪婬、不妄語、不飲酒と同じであり、第十は一切衆生の済度を説く大乗仏教の思想の影響が見られる。これらは仏教的であるが、一方、第六は宗族の和睦を重んじる中国の伝統的倫理観のあらわれであり、第七・第八は仏教でも説かれるが、『抱朴子』の「道戒」にも同じようなものが見えた。

また、同じく霊宝経の『太上洞玄霊宝智慧罪根上品大戒経《たいじょうどうげんれいほうちえざいこんじょうぼんだいかいきょう》』には、「二十四戒持身之品」という戒が出てくる。これは、君臣・父子・兄弟・朋友・夫婦・師弟それぞれの関係においてどうあるべきかを説いた事柄、すなわち、(一)人の君たる者は国に恵みをもたらすように、(二)父は子に慈しみを抱くように、(三)人の師たる者は多くの人々を愛するように、(四)兄は行いにおいて仲睦まじくあるように、(五)臣下は君主に忠であるように、(六)子は親孝行であるように、(七)人の友たる者は交わりにおいて信実であるように、(八)妻は夫に貞節であるように、(九)夫たる者は家庭において和やかであるように、(十)弟子は恭しく礼を守るように、という十箇条の上に、(十一)野人は農業に励むように、(十二)道士は道を正しく守るように、(十三)異国の人は各々自分の域を守るように、(十四)奴婢は慎み深くあるように、という四箇条を加えたもので、いずれも中国伝統社会に根ざした内容となっている。

この「十戒」と「一十四戒持身之品」とは、のちに一体化して『洞玄霊宝天尊説十戒経《どうげんれいほうてんそんせつじっかいきょう》』(略称『十戒経』)という経典になった。『十戒経』は実際に道教組織の中で用いられていたようで、隋唐時代、道教に入門した人は『老子』とあわせて『十戒経』を伝授されることがあった。現在、敦煌写本の中に、『老子』の後に附する形で書写されたものがいくつか現存している(本講扉、スタイン六四五四)。

5 『太上感応篇』と功過格

行為の善悪とその応報を数量的にとらえ、長生昇仙の目的達成のために善行を積むことの重要性を説くのは『抱朴子』以来の道教の特徴であるが、その伝統の上に、宋代以後、『太上感応篇』をはじめとする善書や諸々の功過格が生まれて、広く人々の間に流布することになる。

『太上感応篇』は、太上老君が説いた言葉という設定になっていて、書名には、人の行為の善悪に対して天の神がそれを感じとって応報がもたらされるという趣旨が込められている。実際には、南宋初期の李石《りせき》(字は昌齢《しょうれい》)が、詳しい「伝」(解説)を附けたことによって世に広まったとされている。

『太上感応篇』では冒頭に善悪応報の理が述べられたあと(上記参照)、人が行うべき善行と、行ってはいけない悪行が、たとえば、「邪径《じゃけい》を履《ふ》まず、暗室を欺かず(誰も見ていないところでも悪事をしない)。徳を積み功を累《かさ》ね、物に慈心あり。忠孝友悌、己を正し人を化す。孤を矜《あわ》れみ寡を恤《あわ》れみ、老を敬い幼を懐《なつ》かしむ。昆虫草木も、猶お傷つく可からず」などと、四字句の形で列挙され、最後は、「其れ曽《かつ》て悪事を行うこと有るも、後に自ら改悔し、諸悪作《な》すこと莫く、衆善奉行《しゅぜんぶぎょう》すれば、久久にして必ず吉慶を獲ん。所謂《いわゆる》禍を転じて福と為すなり。故に吉人は善を語り、善を視、善を行い、一日に三善有らば、三年にして天必ず之に福を降さん。凶人は悪を語り、悪を視、悪を行い、一日に三悪有れば、三年にして天必ず之に禍を降さん。胡《なん》ぞ勉めて之を行わざる」とまとめられている。『太上感応篇』の文は、実はその過半が、上述した『抱朴子』対俗篇および微旨篇の文と重なっている。倫理思想の面においても、『抱朴子』は大きな影響力を持っていたと言わなければならない。

『太上感応篇』には身近な日常倫理が具体例をともなって平易に説かれていて、その内容は、道教・儒教・仏教の枠を超えて、すべての人々に通用するものとなっている。最後のまとめに用いられている「諸悪莫作、衆善奉行」という、人口に膾炙した仏教語が象徴するように、『太上感応篇』は悪をやめ善を行うように人々を教化する書として、長い年月にわたって中国社会において重要な役割を果たした。

次に、功過格というのは、どのような行為が「功」（善行）であり「過」（悪行）であるかを具体的に点数化して示し、その数値によって自分の行いを反省し、道徳実践に向かうように勧めた書の総称である。これも宋代以降に流行し、さまざまな功過格が作られた。現存する最古の功過格は、金の大定一一年（一一七一）に、浄明道《じょうみょうどう》の本拠地である南昌西山の玉隆万寿宮で、道士、又玄子《ゆうげんし》によって撰述された『太微仙君功過格《たいびせんくんこうかかく》』である。

『太微仙君功過格』は、善行を列挙した「功格《こうかく》三十六条」と、悪行を列挙した「過律《かりつ》三十九条」に大きく分かれ、「功格三十六条」は救済門十二条、教典門七条、焚修門五条、用事門十二条に、「過律三十九条」は不仁門十五条、不善門八条、不義門十条、不軌門六条にそれぞれ分かれている。たとえば、救済門には、おふだや医術で重病人を一人救った場合は十功（一〇ポイントの功)、小さな病気の場合は五功、病人の家から賄賂を受け取った場合は無功(ポイントゼロ)であること、不義門には、人に闘争するようにそそのかした場合は一過(一ポイントの過)、窮民を救済しなかった場合は一過、一人を陵辱した場合は三過、人の財物を盗んだ場合もしくは人をそそのかして盗ませた場合は百銭で一過、貫銭で十過であること等々、細かく記されている。

これを実際に用いる方法としては、寝室の枕元に、筆記用具と「簿籍」(功過簿)を置き、就寝時に、その日に行ったことをふりかえって、功過格の条目にしたがって正直に記入し、月末に点数を計算して功過の総数を知る。そのようにして、「自ら功過の多寡を知り、上天の真司《しんし》(真人の世界の役人)の考校の数と、昭然として相契し、悉く異なる無し」(『太微仙君功過格』序)という。ここには、「天神が人間の善悪の行為に対し、吉凶禍福を附与する際の準則として顕示されてきた功過の条項が、人間自身の自主的な道徳的省察のための準則として変質し」(秋月観暎「道教と中国の倫理——善書における心意主義の展望」)ている様子を見ることができる。

『太微仙君功過格』はその序文に、「儒道の教えは、一にして異なる無きなり」と述べ、儒道(儒教と道教)一致の立場に立ってはいるものの、その内容は、法籙経教や斎醮、聖像のことなど、道教の信者を対象としたものが多い。しかし、後代に作られた功過格は、仏教的な性格が強いものや、儒教的な性格が強いものなどさまざまあるが、全般的に宗教的な面よりは日常的行為の規範という面が中心になった。このようにして功過格は、『太上感応篇』とともに、広く人々の間に普及し、民衆教化の面で大きな影響力を持ったのである。

6 『太平経』の理想社会――万物の調和と平衡

本講ではここまで、道教における個人の日常倫理のことを述べてきた。以下においては、道教の理想社会像と政治哲学について見ておきたい。

道教が理想とした社会について、孫亦平《そんえきへい》氏は、「陰陽和楷(調和がとれていること)、天下太平」の状態であるとし(孫亦平『道教的信仰与思想』第五章)、『太平経』の記述にもとづいた説明をしている。『太平経』に記された理想社会が、実際の太平道の教団組織や太平道が起こした黄巾の乱の理念とどの程度関連するのか、その実態はよくわからないのであるが、少なくとも、『太平経』の記述は、道教で構想された理想社会像の重要な一面を示しているということは言えるであろう。

『太平経』では生命観・養生論・救済思想など諸々の面において「気」の観念が重要な意味を持っていることをこれまでに述べたが、理想社会についても同じことが言える。『太平経』の理想社会というのは、一言で言えば、万物の調和がとれた、偏りのない世の中である。次のような文がある。

元気に三名有り、太陽・太陰・中和なり。……中和とは、万物を調和するを主る者なり。……陰陽は、要《よう》は中和に在り。中和の気得て、万物滋生し、人民和調し、王治太平なり。

（『太平経鈔』乙部、合校一九～二〇頁）

「気」が滞りなく疎通することが、自然界と人間世界の安定をもたらす根本であるというのは、『太平経』の基本的な考え方である。その陰陽の気のかなめとして、万物を調和することを司る「中和の気」があり、「中和の気」が万全であってはじめて万物は盛んに生育し、人間社会に協調が生まれ、太平の治がもたらされるということをこの文は述べている。『太平経』では別の箇所に、天(陽)の気は「道」(すべての人が生きること)を願い、地(陰)の気は「徳」(すべての人が養われること)を願い、中和の気は「仁」(天地の間の財物がすべての人にあまねく行きわたること)を願っている、とも述べている(第5講参照)。天地陰陽の気の恩恵を受けて生じる穀物やさまざまの財物が、どこかに偏って所有されるのではなく、すべての人にあまねく行きわたることが、天地中和の心であり、それに順うことによって「人民和調、王治太平」という理想社会が実現されるというのが『太平経』の考え方である。そこには、『老子』の「天の道は、余り有るを損して足らざるを補う」(第七十七章)という言葉も、おそらく意識されていたであろう。

『太平経』には、自然界における陰陽中和の三気、国家における君臣民、家庭における父母子、身体における精神気など、宇宙と人間のさまざまな領域において、三者が協調することの重要性が説かれている。そして、社会・政治思想に関わる君臣民の三者については、「治国の道は、迺《すなわ》ち民を以て本と為す。民無くんば、君と臣は治む可き無し」(『太平経』巻四八、合校一五一頁)とあるように、治国の根本は民にあるという前提に立った上での三者協調が言われている。民が愁苦困窮して「冤結《えんけつ》」(恨み)を抱くようでは、太平の世は実現されない(『太平経』巻五四、合校二〇二頁)。

『太平経』によれば、「太平」とは、「凡《すべ》ての事、一つの傷つき病む者無く、悉く其の処を得(自分にふさわしいあり方・場所を得ている)」(『太平経』巻九三、合校三九八頁)という状態である。「平とは、乃ち其の治太《はなは》だ平均し、凡ての事悉く理《おさ》まり、復た姦私無きを言う」(『太平経』巻四八、合校一四八頁)とも述べている。君臣父子夫婦など社会におけるさまざまな上下関係の存続はそのまま前提とした上ではあるが、公平で偏りの無い、調和平衡のとれた統治のもと、すべての人々が自分にふさわしい生き方ができ、損なわれることなく生命を全うできる世の中が、『太平経』の描く理想社会である。

7 『老子』の政治哲学――〈無為の治〉

次に、道教の政治哲学、国家統治の理念についてであるが、まず挙げるべきは、『老子』の〈無為の治〉のことであろう。『老子』に出てくる理想社会としては、第八十章の「小国寡民」の記述がよく知られている。小さな村落共同体の中で、人々が命を大切にし、文明の利器を使うこともなく、他国に往来することもなく、自然に身を任せた素朴な生活に満足し、静かに生涯を終えることができる社会である。『老子』の考える、あるべき統治のかたちとは、このような理想社会を作り出す政治ということになる。『老子』によれば、それは「道」を体得した「聖人」の統治によって実現される。

『老子』に説かれる「聖人の治」とは、ことさらな作為を用いない無為無欲の統治である。次のように述べている。

賢を尚《たっと》ばざれば、民をして争わざらしむ。得難きの貨を貴ばざれば、民をして盗を為さざらしむ。欲す可きを見《しめ》さざれば、心をして乱れざらしむ。是《ここ》を以て聖人の治は、其の心を虚しくして其の腹を実《み》たし、其の志を弱くして其の骨を強くす。常に民をして無知無欲ならしめ、夫《か》の知者をして敢えて為さざらしむ。無為を為せば、則ち治まらざる無し。

（『老子』第三章）

故に聖人云う、我無為にして民自《おのずか》ら化し、我静を好みて民自ら正しく、我無事にして民自ら富み、我無欲にして民自ら樸《ぼく》なりと。

（『老子』第五十七章）

第三章の文中に「民をして無知無欲ならしめ」とあるのは、いわゆる愚民政策のことではなく、人間のさかしらな智慧や文化・文明の進展がもたらす負の側面から民を守り、純朴自然の生を全うさせることを言っている。聖人は、民が争わず、盗まず、心を乱さずに暮らせるようにし、民が健康な身体を維持できるように務め、知者には事を行わせない。そのような統治のしかたが、つまり「無為を為す」ことである。第五十七章は、聖人が無為であり、静を好み、無事（ことさらな事を行わない）で無欲であることが、民をおのずから正しく、豊かに、純朴にすることになると言っている。

『老子』はまた、統治のあり方を四段階にランク付けし、最上の君主は、「下《しも》之《これ》有るを知るのみ」（第十七章）と言っている。下々の民は君主が存在するということを知っているだけで、君主に対して何の感情も抱かない。そして、「功成り事遂げて、百姓《ひゃくせい》皆我自《おのずか》ら然りと謂う」（同）、すなわち、天下統治の仕事は完成し、大きな事業は成し遂げられて、しかも人民たちは皆、私はひとりでにこうなったと言う、そんな統治こそが最高の統治であるというのが、『老子』の考え方である。

このような『老子』の政治哲学は、観念的すぎて現実味に欠けるという感は否めない。上述の『太平経』の理想社会もそうであるが、『老子』の〈無為の治〉も、古の時代に託して理想を述べたという性格が強いのは事実であろう。しかし、〈無為の治〉という考え方は、君主に向けて、君主自身がまず己の身心を正し、無心無欲になって民の声を聞くべきであると説いている点では、現実的な意義があったとも言える。その点については、早く、司馬遷の父、司馬談《しばたん》が「六家《りっか》の要指」(陰陽家・儒家・墨家・名家・法家・道家の六つの思想の要点をまとめたもの)の文の中で、「神は生の本なり、形は生の具なり。先ず其の神形を定めずして、我以て天下を治むること有りと曰うは、何に由るや」(『史記』太史公自序)と言って、自分の身心(形と神)を定めることができなければ天下を治めることなどできない、それが道家の思想の要点のひとつであると指摘している。身を治めること(治身)から出発して国を治めること(治国)に進むという考え方、もしくは、治身と治国は同一の精神から発するという考え方は、次に述べるように、道教の重要な政治理念となる。

8 〈治身〉と〈治国〉

唐代は、王室の政策によって道教が最も国家と結びついた時代である。唐代を代表する著名な道士、司馬承禎は、三代の天子(則天武后・睿宗・玄宗)に召されて、天台山(浙江省天台県)から朝廷に出てきた。景雲二年(七一一)、睿宗に、「身を理《おさ》めて無為なれば、則ち清高なり。国を理めて無為なれば如何《いかん》」という質問をされた司馬承禎は、次のように答えたという。

国は猶お身のごときなり。老子曰く、「心を澹《たん》（恬淡の境地）に遊ばせ、気を漠（寂寞の境地）に合し、物の自然に順いて私無くして、天下理まる」（『旧唐書』では『老子』の文とするが、実際は『荘子』応帝王篇に見える「无名人」の言葉）と。『易』（乾卦文言伝）に曰く、「聖人（『易』では「大人」）は天地と其の徳を合す」と。是れ知る、天は言《ものい》わずして信あり、為さずして成るを。無為の旨は、国を理むるの道なり。（『旧唐書』隠逸伝）

国家とひとりの人間は同じようなものであり、身を治めるのと同じく、無私・無為に物の自然に順うことが国を治める要諦であると司馬承禎は言っている。第2講に述べたように、治身と治国は同じようなものと説くのは、『老子』注釈史の中で河上公注の特徴であった。また、『抱朴子』地真篇にも、「一人の身は、一国の象《しょう》なり。……故に身を治むるを知れば、則ち能く国を治む。夫れ其の民を愛するは其の国を安んずる所以、其の気を養うは其の身を全うする所以なり。民散ずれば則ち国亡び、気竭《つ》くれば即ち身死す」とある。治身と治国を同類のものと見なすのは、道教では一般的なことであったと言える。

司馬承禎から法籙を授けられ、道教に傾倒していた玄宗は、自ら『老子』の注を著し、『老子』の要点は「理身理国」にあると考えていたことは、すでに第2講で述べた。また、唐末五代の道士、杜光庭は、玄宗の『老子』注を敷衍して『道徳真経広聖義《どうとくしんきょうこうせいぎ》』を著しているが、その中で『老子』第五十四章の解釈として、治身治国のことを次のように述べている。

身を修め国を理むるは、己を先にし人を後にす。……身既に道有らば、家必ず雍和《ようわ》す。所謂　父は愛、母は慈、子は孝、兄は友、弟は恭、夫は信、婦は貞にして、上下和睦す。……君子の行いを立つるや、其の身を正して以て其の家に及び、其の家を正して以て其の郷に及ぶ。……故に曰く、未だ身理まりて国乱れ、身乱れて国理まるを聞かざるなりと。身　内に修めて、物　外に応じ、徳　近きに発して遠きに及ぶ所以なり。一夫の感応すら尚猶《なお》此くの若し、況《いわ》んや帝王に於いてをや。（『道徳真経広聖義』巻三八）

ここでは、治身治国のことが、儒教の家族倫理や、『礼記』大学篇に出てくる「修身斉家治国平天下《しゅうしんせいかちこくへいてんか》」の思想と結びつけられている。一庶民であっても、内に修めた徳が、家族から始まって次第にその及ぼす範囲を広げて多くの人々を感化する。まして、天子が、「道を味わい玄に耽り、天を敬い地に順い、心を凝らして玄黙し、己を端にして無為」（『道徳真経広聖義』巻三八）ならば、天下全体がその徳に被われる理想の世が現出する。『老子』の注釈という形を借りて表現された、道教の国家統治の理想の姿である。本講の前半で述べた個人の日常倫理の場合と同様、国家統治の理念も儒教思想との融合が顕著になっていることが注目される。

第8講

道教と仏教

三教並存社会のなかで

太上老君像(陝西耀県薬王山博物館・陝西臨潼市博物館・北京遼金城垣博物館編『北朝仏道造像碑精選』天津古籍出版社,1996年より)

1 仏教受容と道家・神仙思想

仏教が中国にいつ頃伝来したかについては、有名な後漢の明帝の感夢求法《かんむぐぼう》説話——永平年間(五八〜七五)に、空を飛ぶ「金人」(黄金に輝く人)の夢を見た明帝が、臣下を天竺に派遣して仏法を尋ねさせ、その結果、中国に仏教が伝わったという話(『高僧伝』摂摩騰《しょうまとう》伝)——や、前漢の哀帝の元寿元年(前二)、大月氏《だいげっし》国からの使者伊存《いそん》が、博士弟子の景盧《けいろ》に『浮屠経《ふときょう》』を口授したという記載(『三国志』魏書・烏丸鮮卑東夷伝の注に引く『魏略』西戎伝)など諸説があるが、実際にはおそらく、前漢の武帝の時代(在位前一四一〜前八七)、張騫《ちょうけん》の西域遠征によって西方との交易ルートが開かれて東西交易が盛んになってきたことを契機にして、仏教が中国に知られ始めたと考えられる。

仏教が伝来した時、中国にはすでに古くからの思想文化の蓄積があった。仏教は最初、中国固有の思想文化の力を借りながら、それらを媒介として中国の社会・文化の中に入り込んでいった。中国の伝統思想のうち、仏教が受容される上で最も大きな役割を担ったのは、道家思想と神仙思想である。道家思想と神仙思想は、道教を構成する思想的な中心でもある。したがって、道教と仏教との間には、後々さまざまな軋轢と相互交渉が生じることになった。

仏教伝来の初期において、仏は老子や神仙と同じようなものと見なされていた。中国において最も早い時期に仏を祀ったという記述が見えるのは、後漢の楚王英（明帝の弟）である。楚王英は晩年になって、「黄老の学を喜び、浮屠の斎戒祭祀を為し」（『後漢書』楚王英伝）たという。楚王英の信仰について、明帝は詔の中で、「楚王は黄老の微言を誦し、浮屠の仁祠を尚《たっと》ぶ」（同）と述べている。また、第5講の『老子変化経』のところで述べたように、後漢の桓帝も宮中に「黄老浮屠の祠」を立てた。これらの例はいずれも、浮屠（仏）を祀ったことが「黄老」と対になって出てくる。黄帝と老子とはともに長生きして神仙になったとされ、後漢の時代には祭祀の対象となっていた。仏はその黄老と同類のものと見なされ、仏を祀ることと黄老の教えを学んだり黄老を祀ることが、同時に行われたのである。

上述の、明帝が夢に見た空を飛ぶ「金人」が仏であったということも、仏が神仙のようなものと考えられていたことを示唆しているが、初期の仏教理解を示す重要資料である牟子《ぼうし》「理惑《りわく》論《ろん》」（『弘明集《ぐみょうしゅう》』巻一。後漢末から三国時代の作）には、次のような文が見える。

仏は乃ち道徳の元祖、神明の宗緒《そうしょ》（おおもと）なり。仏の言は覚《かく》なり。恍惚として（ぼんやりとしてとらえどころが無く）変化し、分身して体を散じ、或いは存し或いは亡び、能く小にして能く大、能く円にして能く方、能く老にして能く少《わか》く、能く隠れ能く彰《あら》われ、火を踏みて焼けず、刃を履みて傷つかず、汚に在りて辱しめられず、禍に在りて殃《わざわい》無し。行かんと欲すれば則ち飛び、坐すれば則ち光を揚ぐ。故に号して仏と為すなり。

（大正五二、二上）

「仏《ブッダ》」（梵語 buddha）という語の意味は「覚」（目覚める。目覚めたる人）であるという点は、きちんと押さえてあるが、その具体的な姿としては、変化自在で火の中に入っても焼けず、空を飛び身体から光を出すというような、超人ないしは神仙のイメージで説明されている。このようなイメージは、第5講で述べたところの神秘化・神格化された老子のイメージとも重なっている。

このような仏の捉え方は、図像表現の面にもあらわれていて、後漢時代から六朝時代前半の画像石や画像鏡、あるいは揺銭樹《ようせんじゅ》や神亭壺《しんていこ》などには、西王母や東王父など中国古来の神仙の像に混じって、仏教の図像が見られるようになっている。仏教伝来当初、中国では仏は外来の新しい神仙の一つとして理解されたのである。

2 老子化胡説と三聖派遣説

中国に仏教が入ってきた時、老子《ろうし》化《け》胡《こ》説《せつ》という奇妙な説が生まれた。これは、老子が夷狄の国(胡)に入って浮屠(仏)になり、その地の人々を教化するために説いた教えが仏教であるという説である。全く荒唐無稽であるが、後漢の桓帝の時にすでにこの説は存在していた(『後漢書』襄楷伝)。

「老子化胡」という発想が出てきた理由の一つとして、司馬遷の『史記』老子伝に「其の終わる所を知る莫《な》し」と謎めいた記述がなされ、関所を去ったあと、老子は西に向かい、杳として行方知れずになったとされていたこと(第2講参照)、もう一つの理由として、思想内容から見て、仏教は『老子』の思想に近いと考えられていたことがある。「浮屠(ここでは浮屠経すなわち仏典のこと)の載する所、中国の老子経と相出入《しゅつにゅう》す(ほぼ同じである)。蓋し以為《おもえ》らく、老子は西のかた関を出で、西域を過《よぎ》りて天竺に之《ゆ》き、胡を教うと」(前掲『魏略』西戎伝)とあるとおりである。

実際、仏典の漢訳にあたっては、nirvāṇa(音写は涅槃。悟りの境地)が「無為」と訳され、bodhi(音写は菩提。悟りの智慧)が「道」と訳されたように、仏教の重要概念を表す語の訳語として、『老子』に出てくる語が多く用いられた。そして、ひとたび仏教の重要語彙が『老子』に出典を持つ語で漢訳されてしまうと、中国における仏教解釈が、仏教は『老子』の思想と同じようなものであると理解する方向に向かってしまうのは避けられないことであった。

老子化胡説は、最初の頃は、中華思想・華夷思想の根強い中国において仏教を受容しやすいものにするという点で、一定の役割を果たしたものと思われる。夷狄の地に生まれた仏教が、実は老子が説いた教えであったのであれば、中華思想・華夷思想と抵触しないからである。

しかし、その後、仏教が中国社会において次第に勢力を強めていき、道教と対立するようになると、老子化胡説は道教側が仏教に対して自らの優位を主張するための論拠として用いられるようになり、『老子化胡経』というものが作られるようになる。西晋の恵帝（在位二九〇～三〇六）の時、道士の王浮《おうふ》が『老子化胡経』を作って仏法を誹謗したとされる（『高僧伝』帛遠《はくえん》伝）のをはじめ、六朝時代にはいくつかの『化胡経』（もしくは、老子化胡を説く『文始伝』や『玄妙内篇』など）が作られ、その内容も、老子のほかに尹喜《いんき》が実際の教化を行った人物として登場したり、化胡の場所が罽賓《けいひん》国（カシミールか）や于闐《うてん》国（ホータン）その他に変わったりするなど、さまざまなバリエーションが見られるようになった。

老子化胡説を根拠として道教側が優位を主張するようになると、それに対抗して、仏教側からは三聖派遣説というものが作り出された。三聖派遣説は、六朝時代の中期、五世紀前半頃に中国で作られた仏教の経典『清浄法行経《しょうじょうほうぎょうきょう》』に説かれている。『清浄法行経』は道安《どうあん》が天和五年（五七〇）に著した「二教論」（『広弘明集《こうぐみょうしゅう》』巻八）などいくつかの仏教関係の書物に引用されて断片的に伝わっていたが、近年、名古屋の七寺《ななつでら》一切経の中から発見されて、その全体像がわかってきた。この七寺本『清浄法行経』の三聖派遣説の箇所を次に引用しておこう。まず、仏が弟子の阿難《あなん》に対して、「真丹《しんたん》」(中国)は辺境の国であって、人民は罪福因果の教えを知らず、剛強で教化しがたく、地獄に入る者が多くて哀れむべき状態にあると述べたあと、次のように語ったとある。

吾は今、先に弟子三聖を遣わす。悉く是れ菩薩なり。善く権《かり》に示現し、摩訶迦葉《まかかしょう》は彼《かしこ》(中国)にて老子と称し、光浄童子《こうじょうどうじ》は彼にて仲尼《ちゅうじ》と名づけ、月明儒童《げつめいじゆどう》は彼にて顔淵《がんえん》と号し、吾《わ》が法化を宣す。老子の道徳と孔子の孝経は、文各おの五千。孔顔二賢は、以て師諮《しし》を為し、共に相発起して、五経を議論して、詩伝易礼、威儀法則、以て漸く誘化し、彼の人民をして善く法味《ほうみ》に服せしむ。然る後に仏経は当に真丹に往くべし。
(『清浄法行経』)

ここでは、仏が中国の人々を教化するために、仏弟子の三聖(摩訶迦葉・光浄童子・月明儒童の三菩薩)を中国に派遣し、摩訶迦葉は老子、光浄童子は仲尼(孔子)、月明儒童は顔淵(孔子の高弟)とそれぞれ名乗って仏の「法化」を宣揚させたこと、老子の『道徳経』も孔子の『孝経』や五経もすべて、のちに仏典の教えを受け入れることができるようにする準備段階として、人々を誘うためのものであったことを述べている。老子化胡説が道教と仏教二教間のものであったのに比べ、三聖派遣説は儒教をも巻き込んで、仏教が道教・儒教よりも優位に立つものであることを主張している。

3 夷夏論争

老子化胡説と三聖派遣説は、仏教と道教の論争の場で繰り返し用いられた。もともとは、中国において仏教を受け入れやすくするために役立ったと考えられる老子化胡説が、逆に、道教が仏教に対して優位を主張するための論理に変わり、それに対抗してさらに仏教側から三聖派遣説という大胆な説が出されるに至った背景には、仏教が中国に伝来してから数百年の間に着実に中国の社会に根を下ろし、次第に大きな勢力を得ていったということがある。

異文化である仏教が中国社会に根づいていくにあたっては、中国固有の思想や習俗との間で、さまざまな対立と融合の歴史があった。それらについては、梁の僧祐《そうゆう》(四四五〜五一八)撰の『弘明集』と唐の道宣《どうせん》(五九六〜六六七)撰の『広弘明集』に収める諸文や、同じく道宣の編になる『集古今仏道論衡《しゅうここんぶつどうろんこう》』などが、唐代初め頃までの状況を記しており、出家と孝の問題、霊魂は不滅か否かという問題、沙門(出家僧)は世俗の王者に敬礼すべきか否かという問題等々、中国の伝統思想や社会構造の根幹に関わるような深刻な問題を含めて、真剣に議論されたことを伝えている。

五世紀、劉宋の泰始三年(四六七)に、道士の顧歓《こかん》が「夷夏論」を発表したことに端を発する、いわゆる夷夏論争は、当時、仏教が中国固有の思想文化と並ぶほどの勢力を持つようになっていたという背景のもとに起こったものである。「夷夏論」は仏教と道教が互いに非難し合っているのを調停するという名目で著され、次のように言う。

> 然れども二経（仏典と道教経典）の説く所、符《ふ》契《けい》を合わすが如し。道は則ち仏、仏は則ち道なり。其の聖は則ち符し、其の跡は則ち反す。……其の人同じからざれば、其の為すこと必ず異なるも、各おの其の性を成す（本性を完成させる）は、其の事を易《か》えず。……且つ理の貴《たっと》ぶ可きは道なり。事の賤しむ可きは俗なり。華を捨てて夷に効《なら》えば、義は将《は》た安《いず》くにか取らんとす。若《も》しくは道を以てするや、道は固《もと》より符合す。若しくは俗を以てするや、俗は則ち大いに乖《はな》れり。
>
> （『南斉書』高逸伝に引く「夷夏論」）

「夷夏論」で顧歓が主張しているのは、仏教と道教は、その根源的な真理（「聖」「道」）は合致し、どちらも人々の本性を完成させるという教化の目的は同じであるが、具体的な教化のかたち（「跡」）は、対象に応じてそれぞれ異なるということ、そして、中国（「夏」「華」）とインド（「夷」）とは風俗（「俗」）が異なっているのであるから、中国では「華」の俗に適した教えである道教の方がふさわしく、「夷」のための教えである仏教は必要ではないということである。仏教と道教の教えは本質的に同一であることを根拠に、「俗」に合うかどうかという視点から、道教を擁護し仏教を排斥しようとしたものである。しかし、仏教と道教の教えが同一であることについての詳しい説明はほとんど無いのに対し、「俗」の相違については、中華の俗は善美、夷狄の俗は劣悪という一方的な価値観のもと、事細かに列挙している。このような強弁とも言える論が著されたことは、逆に、当時いかに仏教が中国社会に広く浸透し、道教が劣勢に置かれていたかを物語っている。

この「夷夏論」は当然、仏教側からの反発を招き、謝鎮之《しゃちんし》からの反論（『弘明集』巻六）や明僧紹《めいそうしょう》（?〜四八三）の「正二教論」（同）、袁粲《えんさん》（四二〇〜四七七）の駁論（『南斉書』高逸伝）その他が発表され、多くの人々が関与する論争へと展開した。

4 霊宝経の仏教受容

顧歓とほぼ同じ時代を生き、仏教の優勢に押されていた道教を興隆させるのに力を尽くしたのが、道士の陸修静である。陸修静のことは、すでに第1講・第5講で出てきた。陸修静が築いた、三洞の中の洞玄霊宝を実質的な中心に据えるという道教のかたちは、隋唐時代の道教の主流となり、その後も長く中国の社会と民衆の中に深く入り込むこととなった。

道教はさまざまな面で仏教から多くのものを受容しつつ、宗教としてのかたちを整えてきたのであるが、中でも、霊宝経は漢訳仏典の影響がとりわけ顕著である。あたかも、顧歓「夷夏論」の、「二経の説く所、符契を合わすが如し。道は則ち仏、仏は則ち道なり」という説を裏付けるかのように、あるいは、このような説に後押しされたかのように、漢訳仏典の諸要素を大胆に取り込んで作られているのが霊宝経である。

霊宝経の仏教受容について、仏教の中国伝来および六朝隋唐時代の仏道二教交渉の研究で大きな業績を残したエーリク・チュルヒャーは、六朝時代の霊宝経は"Buddho-Taoist hybrids"と称することができるほど漢訳仏典の語彙・文体・概念の借用が顕著に見出せるとし、仏教の宇宙論、大乗思想、因果応報思想、戒律などが霊宝経の中に取り入れられていることを指摘している("Buddhist Influence on Early Taoism: A Survey of Scriptural Evidence")。このような仏教の影響を受けた宇宙論(劫の思想)や大乗思想、因果応報思想(およびそれと表裏一体の輪廻転生の思想)のことは第5講で述べ、戒律のことは第7講で述べた。仏教から受容したこれらの諸要素は、霊宝経の教理の基幹部分にあたる重要な位置を占めている。

霊宝経の流れを引いて隋代から唐初にかけて作られた道教経典にも、仏教の影響が色濃いものがある。その代表的なものは、『太玄真一本際経《たいげんしんいつほんざいきょう》』(略称『本際経』)と『太上一乗海空智蔵経《たいじょういちじょうかいくうちぞうきょう》』(略称『海空智蔵経』)である。これらについては、第1講でも少し述べたが、『本際経』は隋の道士劉進喜《りゅうしんき》が五巻本を作り、続けて道士李仲卿《りちゅうけい》が一〇巻本にしたとされる経典で、唐代には玄宗が全国の道観にその転読を命じるなどして広く流布した。現在、敦煌写本の道経の中では最も多い一四〇余点が残っている。その内容は、仏性《ぶっしょう》(衆生が本来持っている仏の本性)の観念を摂取した「道性《どうしょう》」の思想や、三論学を吸収した「重玄」の思想など、仏教思想の影響が顕著である。

また、『海空智蔵経』一〇巻は道仏二教間の論争が盛んであった唐の高宗の顕慶・龍朔年間(六五六〜六六三)に、黎興と方長というふたりの道士によって作られたもので、『涅槃経』からの翻案の部分が多く、『維摩経《ゆいまきょう》』や『摂大乗論《しょうだいじょうろん》』などの仏典、および、六世紀末までに中国で撰述された仏典『像法決疑経《ぞうほうけつぎきょう》』(大正八五)にもとづいて書かれた箇所もある。『本際経』や『海空智蔵経』のように、漢訳仏典との関係が深い道教経典は、仏教側からの痛烈な批判の対象となった。

5 孝の思想——祖先祭祀と霊宝斎

上記のチュルヒャー論文は、霊宝経における圧倒的な漢訳仏典の影響を指摘する一方で、道教の観念の中には仏教によって影響を受けない「固い核」が存在していたと述べ、「気」の概念、肉体の不死、経典の神聖視などがそれに当たることも指摘している。「気」の観念や肉体の不死の思想が道教の中に固く根を下ろしていることは、本書でも各講で繰り返し述べてきたところである。チュルヒャー論文が指摘している事柄以外にも、「孝」の思想と「自然」の概念も、仏教との接触によってその内容が再点検されつつも、道教思想の「固い核」として揺らぐことがなかったものとして挙げることができる。

まず、孝の思想から見ていこう。孝は言うまでもなく、儒教で最も重んじられる道徳である。孝の思想は祖先祭祀の問題とつながっている。霊宝経の中で、仏教から吸収した輪廻転生・三《さん》世《ぜ》因果《いんが》説を孝－祖先祭祀の問題と絡めて、掘り下げた議論を展開しているのは、『太上洞玄霊《たいじょうどうげんれい》宝三元品戒功徳軽重経《ほうさんげんぼんかいくどくけいちょうきょう》』である。因果応報というのは、自分の行いの報いを自分自身が受けるはずであるのに、子孫が功徳を行えば祖先の罪が除かれると説かれるのはなぜかという質問に対して、天尊(元始天尊)は次のような内容の答えをする。

人は「虚無自然中より来たり、因縁により寄《き》胎受化《たいじゅか》して生まるる」ものであり、この「虚無自然」こそ「真父母《しんふぼ》」(「始生父母」)である。「身神並一《しんしんへいいつ》」となって「真身」となり、「真父母」に帰して「成道」することが理想であるが、罪縁が尽きず「真父母」に帰することができない時は、生まれかわって「寄胎父母」(「所生父母」)の養育の恩を受けることになる。本来自己一身の問題であるはずの因果応報の中に、祖先－子孫という要因が入ってきたのは、龍漢の理想的な太古の世から時代が下るにつれて、「人心が破壊」されて多くの罪を犯し、一人では罪を背負いきれなくなったからであるが、それは本来の正しいありかたではない。しかし、一方、経に「身を度せんと欲すれば当に先ず人を度すべし(自己を救済しようと思うなら、まず他者を救済すべきである)」と言っているように、大慈の心こそ大切で、ましてや養育の恩を受けた「寄胎父母」や血のつながった「七祖父母」に対してはなおさらであって、祖先祭祀を行えば、亡き者を思う誠の心が天を感動させ、冥界の魂に報いが及ぶことになる。

ここでは、輪廻転生からの解脱は、「真父母」(=虚無自然=道)に帰することと結びつけられ、一方、輪廻転生ということは、生まれかわって「寄胎父母」(=所生父母」、生みの親)の養育の恩を受けることと結びつけてそれぞれ説明されている。また、子孫の行いが祖先に報いとして及ぶことは、天と人との間で起こる感応の現象によって説明されている。『老子』の「道」の思想、理想としての古の観念、天と人との間の感応など、諸々の中国固有の考え方を持ち出してきて、仏教から取り入れた輪廻転生・三世因果を説明し、孝—祖先祭祀の問題と両立させようとしている様子がうかがわれる。

孝の重視は、霊宝斎にもあらわれている。霊宝斎は陸修静がその整備に尽力し、後世に至るまで長く用いられた儀礼である。陸修静は、第5講にも挙げた『洞玄霊宝五感文《どうげんれいほうごかんぶん》』の中で、父母の重恩を思う気持ちが斎の根本であることを強調し、家の祖先を供養するための斎から、国家の安寧を祈るための斎に至るまで、洞玄霊宝の斎の具体的な手順を説いている。孝を出発点として家と国家の秩序の構築を図った儒教の思想と同じように、陸修静は家と国家の安寧を祈る道教の儀式として、霊宝経の思想に基づき霊宝斎を組み立てたのである。唐代において道教が王朝に重んじられ、大きな勢力を持つことができたのは、このように孝を中心に据えた霊宝斎を備えていたことに依ることが大であったと考えられる。

6　自然と因果（因縁）

次に、自然の概念についてであるが、自然という語は、言うまでもなく、無為とともに道家思想を代表する語であり、仏教が中国に入ってくると、漢訳仏典で多く用いられた。特に、鳩《く》摩《ま》羅什《らじゅう》（三四四～四一三）以前の古い漢訳仏典には、自然という語が頻出する。たとえば、魏の康僧鎧《こうそうがい》訳『無量寿経《むりょうじゅきょう》』には、阿弥陀仏の浄土のことが、「其の仏国土には自然の七宝あり」（大正一二、二七〇上）、「彼の仏国土は無為自然にして、皆衆善を積み、毛髪の悪無し」（同、二七七下）などと表現され、また、「無為自然にして泥洹《ないおん》の道に次ぐ」（同、二七五下）という文もあって、自然という語は、泥洹（涅槃）に近い状態をあらわす肯定的な意味で用いられた。

ところが、六朝時代後半期、道仏二教間の論争が起こってくると、道教は自然を説く教えであるのに対して、仏教は因果（因縁、縁起）を説く教えであるという説が出てくる。北周の天和五年(五七〇)、道仏二教の優劣について論ぜよという勅命を受け、甄鸞《しんらん》が著した『笑道論《しょうどうろん》』(『広弘明集』巻九)は、道教の笑うべき点を列挙して批判している書物であるが、その序文に次のように言う。

臣窃《ひそ》かに以《おも》えらく、仏と道は教跡同じからず。……且《しばら》く一往相対すれば(とりあえず一応比較してみると)、仏は因縁を以て宗と為し、道は自然を以て義と為す。自然とは無為にして成り、因縁とは功を積みて乃ち証す。(大正五二、一四三下)

ここで甄鸞は、仏教は因縁を宗旨とし、道教は自然を根本義とする教えであると明言し、自然というのは、何も作為せずに結果を成すこと、因縁というのは、逆に、行いを積み重ねて会得することであると述べている。

甄鸞が因縁説の立場から、道教の自然説を批判するのは、神格の性格付けの問題とかかわっている。第4講の神学的生成論のところで述べたように、道教の神格は、宇宙生成の自然の大きな動きの中で、それ自身が「気」から化生したものとされていた。また、同じく第5講の元始天尊による救済のところで述べたように、霊宝経の最高神、元始天尊は、宇宙の始まりの時に元始の気が自然に結ぼれて出現した神格とされていた。しかし、霊宝経では、一方において、仏教の因果応報説を吸収して、善行の積み重ねによって得道できると説いている。仏教では、長い期間にわたる修行を積み重ねた結果、得道したブッダが、人々に対して因縁の教えを説き善行を勧めていて、整合性がとれているのであるが、道教では、神々自身は修行を経ずに「自然清元の気を結んで」化生した存在であるのに、人々に対しては善行の積み重ねによって得道できると説いていて、そこには矛盾が存在するではないかと甄鸞は指摘する（『笑道論』大正五二、一四五中）。

仏教側からのこのような批判をあらかじめ想定してか、霊宝経では、ブッダの本生譚のひとつであるスダーナ太子の話を模倣した元始天尊の前世物語も作られ、元始天尊も前世で善行を積み重ね輪廻転生して得道したのだと説くものも出てきている。第７講の「十戒」の所で取り上げた『太上《たいじょう》洞玄《どうげん》霊宝《れいほう》智慧《ちえ》定志《ていし》通微経《つうびきょう》』がそれである。しかし、天尊の因縁譚は道教の自己撞着だとして、これはさらにまた仏教側からの非難を招くことになる（法琳『弁正論』巻八、大正五二、五四六上）。

このように、神格は自然か因縁か、あるいは、万物の諸事象は自然に生起するのかそれとも因縁によって起こるのか、という問題は、道仏論争の大きなテーマとなった。結局、道教では、自然と因縁は対立するものではなく、自然の中に因縁があり、因縁の中に自然があるのであって、自然と因縁は不可分一体・相即不離であるという説に落ち着いていく。ただし、元始天尊そのものの性格としては自然の方が本質的な要素であるという考え方が強く、それは経典の神聖性の根拠ともつながっている。

経典の神聖性の根拠について、霊宝経には、経典は本来、誰が作り出したものでもなく、宇宙の始まりの時に根源の「気」が自然に結ぼれて太空中に現れた神秘の文字の集まりに由来するものであるが故に、神聖なものであるという考え方が見える。元始天尊が説いた教えであるから経典は尊いということではなくて、元始天尊自身も宇宙の始まりの時に自然の気を受けて生まれたものであり、「元始」という時間の具現者であって、したがって経典の意味することを理解しており、それを人々に解説するのだとされている。

つまり、神格も経典も、それが神聖であることの根拠は、結局、宇宙の始原の時間に由来することと、始原の時間に込められた人知を超えた自然の力そのものにあると考えられているのである。ここには、根源の「気」から万物生成が始まったと考える宇宙生成論・万物生成論の思想(第4講参照)とともに、人間界の秩序と平安の源を、人知を超えた自然の理法の中に見出そうとする中国の伝統思想(特に道家思想)がしっかりと根を下ろしている。このように、自然という観念は、仏教の影響によっても揺らぐことのない一つの核として、道教思想の中に存在し続けたのである。

７　道仏並存の造像

道教と仏教の間では、自然と因果（因縁）の問題のように、論争が行われたこともあった。しかし、結局この問題については、道教側では上記のように、自然と因縁は不可分一体・相即不離であると見なす方向に落ち着いていったし、仏教側でも、廬山の慧遠《えおん》が、「罪福の応は、唯だ其の感ずる所なり。之に感じて然り。故に之を自然と謂う」（『弘明集』巻五「明報応論」、大正五二、三三下）と述べているように、因果応報が起こること自体が自然なのだという見方もあり、自然という中国の観念と、因縁という仏教の観念は歩み寄りを見せている。

そもそも、仏教は中国に伝来すると、中国の伝統思想の影響を受けて変容し、漢訳仏典の中に原典にはなかった要素が織り込まれることもあったし、中国の思想・習俗に合うような仏典が新たに作られることもあった。そのような漢訳仏典や中国撰述仏典の上にさらに中国的要素を加えて作られたものが、霊宝経およびその流れを引く道教経典であったという面もある。中国仏教と道教は、相克もあったが、類似点・共通点も多く、互いに影響し合いながら、両者が融合した形で中国宗教思想として展開していったのである。

仏教や道教の専門家ではない一般民衆にとっては、仏教と道教の教理・思想の優劣とか細かな相違点が問題であったのではなく、むしろ小さな差異を超えた両者の共通性・連続性の方が重要であったと思われる。民衆が仏教と道教を同じようなものと見ていたことを物語る象徴的な例が、仏像と道教の像を同一の石像(像碑)に刻んだ道仏並存の造像である。図像表現については本講冒頭でも触れたが、仏教の図像と道教の図像とは、もともと密接な関係がある。老君像や元始天尊像などの道教像は、五世紀以降の仏教造像盛行の影響を受けて出てきたもので、像の様式や銘文(造像記)も仏教のそれときわめてよく似ている。

道仏並存の像(像碑)は隋代になると減ってくるが、六世紀の北朝においては数多く造られた。その一例を挙げると、北周の保定二年(五六二)に造られた李曇信兄弟造釈迦太上老君諸菩薩像碑(陝西省耀県薬王山博物館蔵)は、四面像碑の形をしていて、四面のうち三面は仏・菩薩像であるが、碑陰には冠を戴き髯を蓄え手に羽扇を持つ太上老君像が彫られている(本講扉)。このような道仏並存の像碑を作った人々の意識においては、道教と仏教の境界はきわめて希薄であったと言わなければならない。道教と仏教が融合して渾然一体となったかたちでの信仰は、広い範囲で現在に至るまで続いていると言ってよいであろう。

8 儒仏道「三教帰一」の思潮

道教と仏教の間の相互交渉と融合については、本講だけでなく、本書の随所に述べてきた。宇宙論の中の天界説(第4講)、元始天尊による救済に関連して出てくる劫の観念(第5講)、死者救済に関連する地獄の観念(第5講)、修養論に関して、『坐忘論』に見える止観の思想や

『悟真篇』に見える禅の思想(第6講)、倫理思想に関しては、霊宝経に取り入れられた仏教の戒(第7講)、そして、霊宝経およびその流れを引いて隋代から唐初にかけて作られた道教経典に見える大乗思想・空思想・仏性思想や道仏並存の造像(本講)など、その事例は多岐にわたる。

一方、道教と儒教の間の相互交渉・融合は、倫理思想の面に顕著にあらわれている。『太平経』・『抱朴子』・霊宝経・『太上感応篇』などでは、いずれも儒教の倫理道徳が基本になっており(第7講)、儒教倫理の中でも最も中心を占める孝の徳は、上述のように、霊宝斎の根本理念となっている。

また、元の浄明道では忠孝の内面倫理を重視し、「忠孝は大道の本なり。是を以て君子は本を務め、本立ちて道生ず。孝弟なる者は、其れ仁の本為《た》るか」と、『論語』学而篇の文を挙げたあと、「本を務めずして修錬する者」は何の結果も得られないと言っている(『浄明忠孝全書』巻二)。

さらに、儒・仏・道三教の一致を主張する説も多く出てくる。これは、宋代以降、道教で内丹法が盛んに行われるようになり、儒教士大夫の中で、修養論的な関心から内丹に接近する人々が多く出てきて、儒仏道三教の関係が論じられるようになったこととも関係している。

道教の側から、儒仏道三教の帰着点は同じである——これを「三教帰一《きいつ》」という——ことを主張したのは、張伯端の『悟真篇』である。第6講に述べたように、内丹法に大きな影響力を有した『悟真篇』は、「性」(心)に重きを置く仏教と、「命」(気、身体)に重きを置く道教は不可分のものであると考え、心の修養と体の修錬をあわせて行う「性命兼修」こそ、内丹の最上の修養法であるとしている。儒仏道三教の関係については、『悟真篇』の序文で、道教と仏教はどちらも「性命の学」によって悟りに到ろうとする点では同じであるとし、さらに、『易』と『論語』の文を引用した上で、次のように述べている。

此れ又た仲尼(孔子)は極めて性命の奥(奥義)に臻《いた》るなり。然れども其の言の常に略にして詳しきに至らざるは何ぞや。蓋し人倫を序正し、仁義礼楽・有為の教えを施さんと欲す。故に無為の道に於いては、未だ嘗て顕言せざるなり。……豈に教えは三に分かると雖も、道は乃ち一に帰するに非ずや。(『悟真篇』序)

ここで張伯端は、孔子は「性命」ということについて詳しくは語らなかったが、その奥義に通じていたとし、儒仏道は帰を一にするということを明言している。

三教帰一の説は、内丹法の広まりとともに拡大していった。元の李道純は『中和集』の冒頭で、『易』の太極の概念を基本に置いた儒仏道三教の融合を説いている。全真教においても、夫れ三教は各おの至言妙理あり。釈教は、仏の心を得る者は達磨《だるま》なり。其の教えは之を名づけて禅と曰う。儒教は、孔子の家学を伝うる者は子思《しし》なり。其の書は之を名づけて中庸と曰う。道教は、五千言の至理に通じ、言わずして伝え、行かずして至り、太上老子無為真常の道の若き者は、重陽子王真人なり。其の教えは之を名づけて全真と曰う。

(『甘水仙源録』巻一)

として、全真教の王嚞《おうてつ》(号は重陽)を仏教の達磨、儒教の子思と並べ、三教の一致を標榜している。

また、浄明道においても、「実法(真実の法)は一のみ。何をか一と謂うや。太上の浄明(太上老君の浄明の教え)、夫子《ふうし》の忠恕(孔子の忠恕の教え)、瞿曇《くどん》の大乗(釈迦の大乗思想)は、同じく此れ一なり」(『浄明忠孝全書』巻五)と言って、三教帰一の考え方を示している。

内丹に対する儒教士大夫の見方は、批判的なものから肯定的なものまでさまざまであった。内丹が目指す究極の境地である「虚」(道、無)が、儒教の修養の達成目標である「天」(理、道)と同一なのか否かをめぐって、多くの議論が交わされたが、明代に、王守仁《おうしゅじん》(号は陽明、一四七二〜一五二八)の陽明学《ようめいがく》が出てから以降は、三教帰一の思潮が大いに高まった。王守仁は儒仏道の関係について、次のように語っている。

仙家（道教）は虚を語るが、儒教の聖人はこの虚の上にわずかの実でも付け加えることができるだろうか。仏氏（仏教）は無を語るが、儒教の聖人はこの無の上にわずかの有でも付け加えることができるだろうか。ただ、仙家が虚を語るのは養生から来ているものであり、仏氏が無を語るのは生死の苦海から離れようとするところから来ていて、本体の上にこのような意図が少し加わってしまい、虚無の本来の姿でなくなり、本体において妨げが生じている。儒教の聖人は、ただ良知《りょうち》の本来の姿に立ち戻るだけであって、ほんの少しも意図的なものがくっついたりはしないのである。

（『伝習録』巻下）

王守仁はここで、自らが説いた「良知」を最高のものとし、三教の中では儒教を上位に置きつつも、究竟の境地そのものは本来、儒仏道三教で違いはないと述べている。王守仁のこのような見方は、その弟子たちをはじめ、明代の多くの思想家たちにも継承された。

以上のように、儒仏道三教帰一の思潮は、道教側からだけではなく、儒教知識人に至るまで、広範囲にわたって隆盛を見せたのである。

第9講

道教と文学・芸術

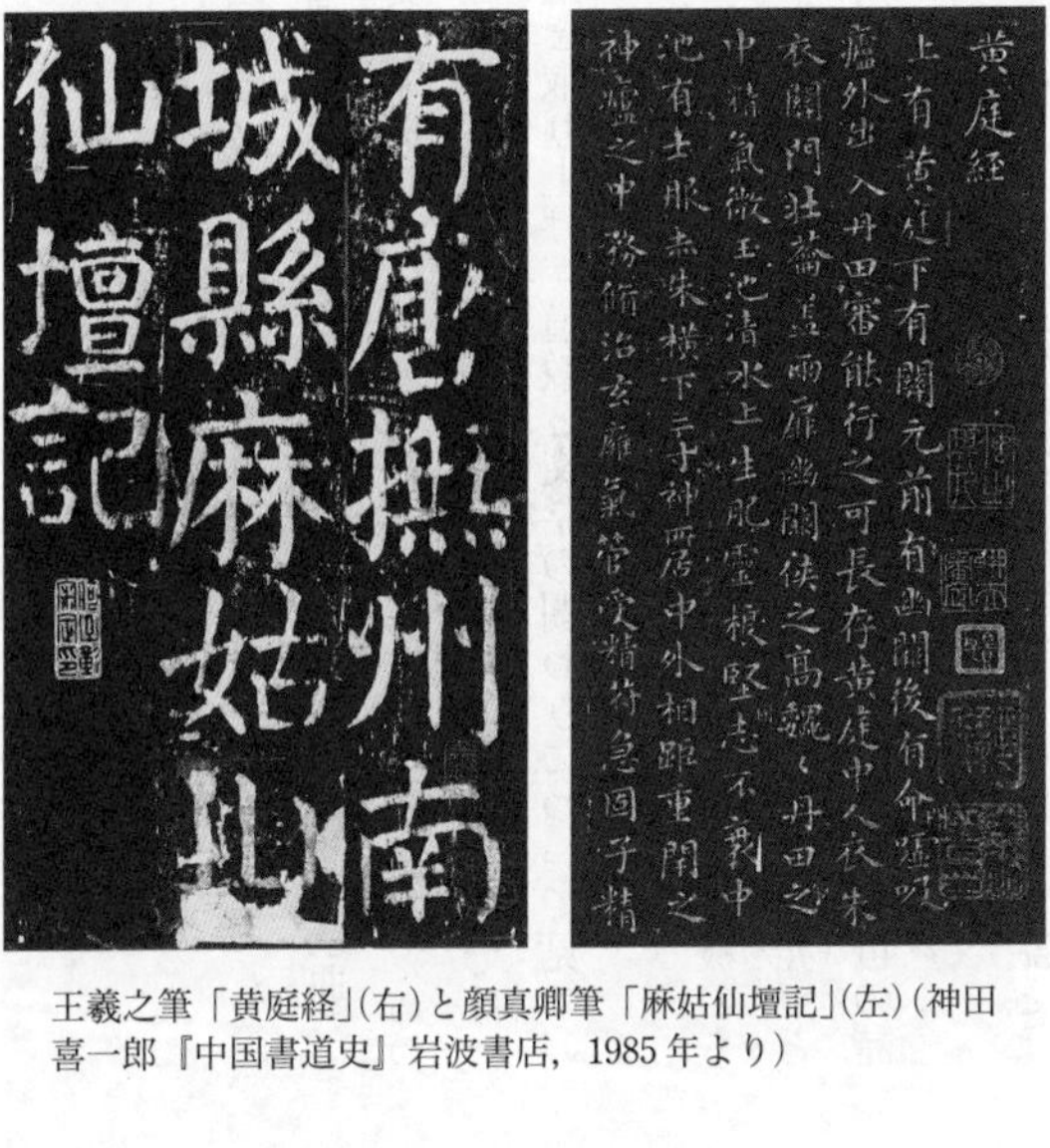

王羲之筆「黄庭経」(右)と顔真卿筆「麻姑仙壇記」(左)(神田喜一郎『中国書道史』岩波書店, 1985年より)

1　六朝文学と道教──『真誥』の文学

神仙という現実を超えた存在を理想として掲げる道教は、想像力の世界と関わっている点において、本質的に文学と密接なつながりを持つ。遊仙詩《ゆうせんし》（俗界を離れ仙界に遊ぶことをうたった詩）、志怪小説、仙伝類（神仙や真人の伝記）、歩虚詞《ほきょし》（神仙となって虚空を飛行するさまをうたった歌曲）、変文《へんぶん》（唐から五代にかけて流行した布教のための絵解きの話本）、宝巻《ほうかん》（明清時代に流行した布教のための語り物）をはじめ、道教と関わりのある文学は、時代もジャンルも多岐にわたるが、本講では、『真誥《しんこう》』と上清派道教を軸にして、関連事項を取り上げ、道教と文学の関わりについて見ていきたい。

第1講で述べたように、『真誥』は東晋の興寧・太和年間（三六三〜三七一）に霊媒の楊羲のもとに降臨した神仙たちの言葉を、五世紀末に陶弘景が編纂したもので、上清派道教の出発点となった書物である。道教文献の中ではとりわけ文学的色彩が濃く、後述するように、後世の詩人・文人たちにも多くの影響を与えている。

『真誥』に記載された洞天の世界についての記述が、六朝志怪小説に見える桃源郷の話とよく似ていることは、第4講ですでに述べた。また、『真誥』に見える鬼の世界の記述も、志怪小説と重なる面が多い。『捜神記《そうじんき》』や『幽明録《ゆうめいろく》』などの志怪小説には、冥界の官吏が死者を迎えに来る話や、死者が生き返って冥界のことを語る話など、冥界と鬼にまつわる話が多数収められているが、『真誥』にも、冥界の官僚組織のことや鬼官に就任している人の名前などの詳しい記述がある。志怪小説は不思議な話への好奇心や未知の世界への大きな関心が生んだものと考えられるが、『真誥』の鬼の世界を発想した人々も、そのような好奇心や関心を共有していたと見られる。『真誥』で鬼官の就任者の名前を列挙しているのは、人物評価を死後の世界にまで及ぼしたと見ることができ、これは後漢末から六朝時代の著名人の逸話・人物批評を収録した『世説新語《せせつしんご》』のような小説との関連も考えられる。

『真誥』には霊媒の楊羲のもとに降臨した真人たちが作ったという数十篇の詩が載っているが、これも文学の領域と密接につながっている。真人というのは、もともと『荘子』に見える理想的超越者をあらわす語である(第3講参照)。『真誥』運題象篇(巻一～巻四)には、天上と東海のかなたにある真人たちの世界の見事な景観や、風と光に乗って移動する真人たちの遊行、楽しげな宴会、どこからともなく響いてくる妙なる音楽など、美しく自由な真人たちの世界が、五言詩によって表現されている。これらの詩には、戦国時代後期の楚《そ》国の歌謡、およびその作風に倣って後代に作られた作品を集めた『楚辞《そじ》』に出る語彙が多く用いられており、『楚辞』の宗教文学およびそれにつながる両漢以後の遊仙詩の流れの上にあると見なすことができる。

『真誥』の真人たちの詩の中には哲学的な内容も含まれ、『荘子』に出てくる「有待《うたい》」「無待《むたい》」（有待は依存する対象があること、無待は何者にも依存しないこと）という語彙・概念を用いて、真人とはいかなる存在であるかということが、一〇名ほどの真人たちの詩の応酬によって議論されている。その内容は、無待を高く評価する方に傾きながらも、最終的には、有待と無待の対立を超えた万物斉同の立場を良しとするところに落ち着いていく。たとえば、有待・無待の論争をしめくくる南極紫元夫人《なんきょくしげんふじん》（女性の真人のひとり）の詩の一節は、次のように言う。

体無則能死　無《む》を体《たい》すれば則《すなわ》ち能《よ》く死《し》し
体有則摂生　有《ゆう》を体《たい》すれば則《すなわ》ち生《せい》を摂《せっ》す
東賓会高唱　東賓《とうひん》　会《かい》して高唱《こうしょう》し
二待奚足争　二待《にたい》　奚《いず》くんぞ争うに足らん

（『真誥』巻三）

無の体得は、死をも受け容れる生死を超越した境地に導き、有の体得は、生を養い肉体の永生を得ることにつながるものとして、どちらもその価値を認め、有待と無待は争うに足らないものであると言っている。五言詩という形式で、『荘子』の万物斉同の哲学を詠ったものである。思想史的には、郭象《かくしょう》（？～三一二頃）の『荘子』注など魏晋玄学の思想の流れを承け、文学の面で言えば、玄言詩が流行した東晋時代の風潮を反映しているものと見ることができる。

『真誥』に記された五言詩の作者は明らかではないが、おそらく霊媒の楊羲およびその周辺の人々によって作られたものと考えるのが自然であろう。『真誥』にしばしば登場する重要な女性の真人、南岳夫人魏華存《ぎかそん》（二五二〜三三四）は、もともと実在の人物で、『晋書』巻四一に伝がある魏舒《ぎじょ》（二〇九〜二九〇）の娘であり、南陽の劉文《りゅうぶん》に嫁した。魏華存には二人の息子がいたが、『真誥』によれば、長男の劉璞《りゅうはく》は楊羲に霊宝五符を授けたという。この劉璞の長女、劉媚子が王羲之（三〇三〜三六一）のいとこにあたる王彭之の子の王建之の妻であったことが、近年、南京で出土した墓誌の研究によって明らかになっている。また、『世説新語』品藻篇注によれば、魏華存の次男、劉遐の子の劉暢は、王羲之の娘を娶ったという。さらに、王羲之自身の名も、『真誥』において、真人が語った言葉の中に出てくる。また、王羲之は道教の熱心な信者であったようで、『黄庭（外景）経』を書写している（本講扉）。『黄庭外景経』は、上清派で重んじられた『黄庭内景経』のもとになった経典である。これらの事柄を勘案すると、『真誥』の五言詩の作者は、王羲之のような東晋の貴族文化を代表する人たちとも身近なつながりを持つ場所にいた可能性が考えられる。

2　真人の内伝

『真誥』に登場する真人たちについては、その修行の過程や会得した道術のことなどを記した伝記が作られている。魏華存の伝記『南岳夫人内伝《ないでん》』（『魏夫人内伝』ともいう）、王褒《おうほう》の伝記『清虚真人王君内伝《せいきょしんじんおうくんないでん》』、周義山《しゅうぎざん》の伝記『紫陽真人内伝《しようしんじんないでん》』（『紫陽真人周君内伝』）など多数あるが、大体の場合、「内伝」という名が付けられている。『列仙伝』や『神仙伝』などと同じ仙伝類の一種であるが、これらの内伝は共通の特徴を持っている。小南一郎『中国の神話と物語り』では、これら内伝類は興寧年間の上清派の形成期に作られ、真人たちの修行の過程を記録した伝記であるにとどまらず、その書物自体が一つの道教修行の指針としての意味を持っていたと指摘している。

内伝類の内容は、真人が修行の過程で訪れる神話的な山々や天上世界についての描写や、神々による饗宴の場面の描写など、文学的なふくらみのある物語性の豊かなものを含み、その文体は修辞的な美文調の箇所も見られる。たとえば、『清虚真人王君内伝』の中の、王君のために設けられた宴席の場面には、次のような文がある。

> 丈人乃ち厨膳《ちゅうぜん》を設け、呼吸にして立ちどころに具わる。霊肴《れいこう》千種あり、丹醴湛溢《たんれいたんいつ》し、燔煙《はんえん》檀を震わせ、飛節玄香《ひせつげんこう》あり。鈞天《きんてん》の大楽を陳《つら》ね、金璈《きんごう》を七芒《しちぼう》に撃つ。崆峒《くうどう》に音を啓《ひら》き、天

丘に徹し朗らかなり。是《ここ》に於いて龍は雲崖に騰《のぼ》り、飛鳳は鳴嘯《めいしょう》し、山阜《さんふ》に洪鯨《こうげい》あり、湧波《ゆうは》凌濤《りょうとう》す。雲は太虚《たいきょ》に起こり、風は広遼《こうりょう》に生じ、九真を霊歌《れいか》し、空無を雅吟《がぎん》す。

（『清虚真人王君内伝』）

ここには四字句を基調とする対句の多い文体が用いられ、広大な宇宙空間に繰り広げられる仙都の府の宴席のさまが、幻想的かつ華やかに描写されている。このような内伝類の文体の装飾性は、次に述べるように、上清経へと継承されていく。

3 上清経の文体

上清経は東晋中期から六朝時代末までの間に作られた経典群で、作成時期は霊宝経とほぼ重なるが、文体の面から見れば、全く異なる特徴を持っている。霊宝経の文体はおおむね漢訳仏典の文体を模倣したような飾り気のないものであるのに対して、上清経の方は五言詩や四字句・六字句を基調とする駢文《べんぶん》が用いられるなど、修辞を意図した文体が目立つ。たとえば、『洞真太上神虎玉経《どうしんたいじょうしんこぎょくきょう》』の中の、太微天帝君《たいびてんていくん》が符を佩びて上清天を飛行する場面の一節は、次のようにある。

澄景太真之館　景《かげ》を太真《たいしん》の館《やかた》に澄《す》ませ
止足玉帝之階　足《あし》を玉帝《ぎょくてい》の階《きざはし》に止《とど》む
静与天地合契　静《しず》かなれば天地《てんち》と契《わりふ》を合《あ》わせ
動与七景斉暉　動《うご》けば七景《しちけい》と暉《かがや》きを斉《ひと》しくす
匡落九玄　九玄《きゅうげん》より匡落《きょうらく》し
握節霊機　節《せつ》を霊機《れいき》に握《にぎ》る
領括万度　万度《ばんど》を領括《りょうかつ》し
億津総帰　億津《おくしん》総《すべ》て帰《き》す

（『洞真太上神虎玉経』）

上清経の駢文は、厳密な意味での駢文の要素は備えていない。平仄《ひょうそく》の面ではもちろんのこと、典故の使用という面でも、洗練された語彙という面でも、『文選』に載せられた作品などと比べれば、きわめて不十分である。しかし、美文を作ろうという意欲は感じとることができる。

旧来の道教を乗り越えて、新しい神々（真人たち）と独自の宗教的世界を構想し、得仙のための方法として存思を重視する新しい宗教を模索した上清派は、それにふさわしい経典の内容と文体を追求した。そのような中から出てきたのが、上清経の修辞的なスタイルであったと考えられる。

4　李白と上清派道教

『真誥』と上清経に対しては、後世の詩人・文人たちも関心を示している。たとえば、白居《はっきょ》易《い》(七七二〜八四六)の「味道」と題する詩(『白居易集』巻二三)に「七篇の真誥　仙の事を論じ、一巻の壇経　仏の心を説く」という一節があり、白居易が『真誥』を読んでいたことがわかる。李白や杜甫、韋《い》応物《おうぶつ》や李商隠《りしょういん》の詩にも『真誥』の影響が見られ、また、王羲之も書写した『黄庭経』は、欧陽修《おうようしゅう》や陸游《りくゆう》ら宋代の文人たちの間でもよく読まれていた。中でも、上清派道教との関わりが深いことで注目されるのは李白である。

李白(七〇一〜七六二)は若い頃、司馬承禎に会い、司馬承禎から「仙風道骨《せんぷうどうこつ》(仙人の風骨)有り」と言われたとみずから述べている(李白「大鵬賦幷序」)。司馬承禎はこれまでにすでに何度か名前が出てきた唐の道士で(第1講・第4講・第6講参照)、玄宗に法籙を授けたり、玄宗から命じられて『老子』の校勘を行うなど活躍し、『坐忘論』をはじめ多くの著作を残した。司馬承禎は、霊宝経・霊宝斎がさかんであった唐代において、道教のもう一つの流れである上清派の精神に復帰し、その伝統を守ろうとする活動も行っている。開元九年(七二一)に玄宗に対して五岳に上清真人を祀る祠を立てることを上言したり、上清派の真人のひとり桐柏真人《どうはくしんじん》に関する『上清侍帝晨桐柏真人真図《じょうせいじていしんどうはくしんじんしんず》讃《さん》』を著したりしたのがそれである。

神仙世界を詠う作品を多く作り、詩仙・謫《たく》仙人と呼ばれた李白は、道士たちと交遊し、道教の知識も身につけていた。李白の作品を見ると、上清派道教につながる道士たちとの関係が深かったことがわかる。まず、「嵩山の焦錬師《しょうれんし》に贈る」と題する詩で、李白は、世塵を離れて山中で胎息・絶穀を行う焦錬師に心を寄せているが、この焦錬師というのは、上清派の系譜を記した李渤《りぼつ》の「真系」(『雲笈七籤』巻五)に、司馬承禎の弟子として名前が出てくる女性道士焦静《しょうせい》真《しん》であると見られる。「真系」には「先生(司馬承禎)の門徒は甚だ衆し、唯だ李含光と焦静真のみ其の道を得たり」とあり、焦静真は李含光(六八三〜七六九)と並ぶ司馬承禎の二大弟子のひとりとされている。焦静真は当時、著名な女性道士であったようで、玉真公主《ぎょくしんこうしゅ》(玄宗の妹)からも尊崇されていた。

また李白には、有名な「将進酒」をはじめ、作品中に頻繁に登場する友人元丹丘《げんたんきゅう》がいる。「元丹丘、神仙を愛す。朝には潁川《えいせん》の清流を飲み、暮には嵩岑《すうしん》の紫煙に還る。……我は知る、爾《なんじ》の遊心窮まり無きを」(李白「元丹丘歌」)と詠われた人物である。李白はこの元丹丘を通じて胡紫陽《こしよう》という道士と知り合い、道術を教わっている(李白「冬夜於随州紫陽先生餐霞楼送烟子元演隠仙城山序」)。李白はその胡紫陽が亡くなった時に碑銘の文「漢東紫陽先生碑銘」(『茅山志』巻二四)を書いているが、その中に次のような一節がある。

聞くならく、金陵の墟に、道は始め三茅に盛んにして、四許に波す。華陽□□□□□□陶隠居は昇玄子に伝え、昇玄子は体玄に伝え、体玄は貞一先生に伝え、貞一先生は天師李含光に伝え、李含光は紫陽に合契す。

（李白「漢東紫陽先生碑銘」）

ここには、茅山に起こった上清派の教えが、三茅（大茅君《だいぼうくん》・中茅君《ちゅうぼうくん》・小茅君《しょうぼうくん》）→四許（許謐《きょひつ》・許《きょ》聯《れん》・許翽《きょかい》・許黄民《きょこうみん》）→陶隠居（陶弘景）→昇玄子（王遠知《おうえんち》）→体玄（潘師正）→貞一先生（司馬承禎）→李含光という順で伝えられたこと、そして、李含光と割り符を合わすようにぴったりと心を一つにする人物が胡紫陽であったことが述べられている。

同じく「漢東紫陽先生碑銘」には、胡紫陽が真人たちから「赤丹陽精石景水母」の法を受け、常に「飛根《ひこん》を吸い、日魂《にっこん》を呑む」という道術を密かに行っていたと記されている。これは、『真誥』巻九に「日中五帝字に曰く、日魂珠景《にっこんしゅけい》、昭韜緑映《しょうとうりょくえい》、廻霞赤童《かいかせきどう》、玄炎飈象《げんえんひょうしょう》と。凡そ十六字、此れは是れ金闕聖君採服飛《きんけつせいくんさいふくひ》根《こん》の道。昔　之を太微天帝君に受く。一に赤丹金精石景水母玉胞之経と名づく」とあるのと関連する。太陽光線（気）を体内に導き入れ、呪文を唱えたりしながら体内に宿った太陽の神々のさまをありありと思い描き、その神々とともに自分が天上世界に昇ることをイメージする存思の法である。上清派で重んじられた存思の法の代表的なものとして第6講に述べた「奔二景の道」（「二景」は太陽と月）という道術の一部である。胡紫陽はこれを実践していたと李白は述べている。

「随州紫陽先生の壁に題す」という詩の中でも、李白は、「喘息　妙気を飡《さん》し、歩虚　真声を吟ず。道は古仙と合し、心は元化と幷《あわ》す」と詠んでいる。服気や歩虚を行い、瞑想の中で天上世界を巡って、道と一体化する胡紫陽のさまを言ったものであるが、これは胡紫陽から道術を教わった李白自身の理想の姿でもあったのだろう。李白の人生と作品は、上清派道教と深く関わっていたのである。

5　道教と書芸術——王羲之・陶弘景・顔真卿

中国の書芸術を代表する人物として王羲之と顔真卿《がんしんけい》の二人を挙げることは、誰しも認めるところであろう。この二人は、実はどちらも道教、特に上清派と深い関わりがある。上述のように、王羲之は東晋の興寧年間、茅山に衆真（多くの真人たち）が降臨し上清派が興起した時、それに関わった人々にとって身近な存在であった。

『真誥』を編纂した陶弘景は道士であると同時に、書に対して強い愛着を持つ人物であった。梁の武帝との間で交わされた書に関する往復書簡が、『法書要録《ほうしょようろく》』に収められていて、それによると、陶弘景は秘府所蔵の法帖を見る機会を持ち、王羲之の書跡についても相当の鑑識眼をそなえていたようである。その陶弘景が、茅山の衆真降臨の言葉を書き写した楊羲および許謐・許翽父子の書と王羲之らの書とを比較して、次のように述べている。

三君(楊羲・許謐・許翽)の手迹、楊君の書最も工《たくみ》なり。今ならず古ならず、能く大に能く細なり。大較《おおよそ》郗《ち》(郗超。四世紀の書家)の法を祖効すと雖も、筆力規矩は二王(王羲之・王献之)に並ぶ。而《しか》るに名の顕れざる者は、当《まさ》に地は微にして兼ねて二王の抑《おさ》うる所と為るを以ての故なるべし。(『真誥』巻一九)

ここで陶弘景は、三君の中で最も優れている楊羲の書は、王羲之・王献之にも並ぶほどのものであると高く評価し、その名声が上がらなかったのは、楊羲が王羲之のような名門貴族の出身ではなかったからであると言っている。吉川忠夫『書と道教の周辺』は、陶弘景が茅山に降臨した衆真の言葉が記録された紙片を蒐集することに強い熱意をもって取り組んだのは、宗教的情熱によるのみならず、彼らの書そのものにも深く魅せられていたからであろうと推測している。書と上清派道教は、その始まりの時点から密接に結びついていたのである。

顔真卿(七〇九～七八五)は、安史《あんし》の乱で唐王朝のために義軍を率いて戦い、官人としては度重なる左遷を経験し、最後は、叛臣李希烈《りきれつ》を説得する使者となって赴いた先で、捕らえられ殺されるという波瀾万丈の人生を送った。その生涯の中で、唯一、穏やかな時を過ごすことができたと思われる撫州刺史《ぶしゅうしし》と湖州刺史の在任期間(七六八〜七七七)に、顔真卿は道教と関わりのある作品を残している。

「麻姑仙壇記《まこせんだんき》」(本講扉)と「魏夫人仙壇碑《ぎふじんせんだんひ》」と「華姑仙壇碑《かこせんだんひ》」の三つの作品は、いずれも撫州にゆかりのある女性の仙人・道士に関するものである。「麻姑仙壇記」では、『神仙伝』にもとづく麻姑の伝記と、顔真卿赴任時の仙壇観の様子が記され、「魏夫人仙壇碑」では、南岳夫人魏華存の生涯とその修行・得仙のことが記されたあと、唐の女道士の黄令微《こうれいび》が南岳夫人の遺蹟を発見した経緯、および、その遺蹟の地に建てられていた道観を顔真卿が修復した次第が記されている。「華姑仙壇碑」は、「魏夫人仙壇碑」の後半部と多く重なり、華姑黄令微の事跡が述べられたあと、その女弟子の黎瓊仙《れいけいせん》のことに言及し、撫州の地に女仙の伝統が脈々と続いていることが述べられる。これらの作品は、顔真卿が道教、とりわけ魏華存に由来する上清派道教に大きな関心を持ち、その伝統を守るために積極的な行動をとったことを伝えている。

また、顔真卿は司馬承禎の後継者となった李含光のために「茅山玄靖先生広陵李君碑」(「李含光碑」)を書いている。荒廃した茅山の上清派の遺蹟の復興に力を尽くす李含光の高徳を顔真卿が篤く尊崇していたこと、李含光の弟子の殷淑《いんしゅく》・韋渠牟《いきょぼう》と顔真卿は「采真《さいしん》(真実の道をつかむ)の游」をともにしたことなどが、そこには記されている。

6　書論と道教――「自然の妙有」

王羲之や顔真卿のような書の大家が道教と深く関わっていたことの背景としては、さまざまな要因があるであろうが、書と道教は、実は本質的なところで通底していると見ることができる。そのことを考えるヒントが、やはり『真誥』の中に見える。それは真人の言葉として語られたもので、文字というものは本来、天地開闢のはじめ天空に自然に現れた文様に由来し、「三元八会群方飛《さんげんはっかいぐんほうひ》天《てん》の書」などと呼ばれる天上世界の真人が用いる「真書」から、次第に書体が枝分かれして、人間世界で用いられる文字に至ったという話である（『真誥』巻一）。これは道教の文字起源説として、他の道教文献にもしばしば引用される。この説によると、文字はもともと宇宙空間の気が自然に凝集することによって生まれたものであり、したがって、文字はその奥底深くに造化の秘密というものを隠し持っていることになる。

そもそも、文字というものが造化の秘密と関わっているという考え方は、中国では早くから見られる。『淮南子』本経訓に、黄帝の史官の蒼頡《そうけつ》が鳥獣の足跡を見て文字をはじめて作った時、天が穀物を降らせ、鬼神が夜に哭したという話が載っている。人間が文字を創造したことは、天の神々や鬼神を怒り嘆かせる、畏れ多い出来事だったのである。『真誥』に見える文字起源説も、文字の発生を天地自然、造化の神秘と結びつけて捉える点で、これと共通している。第5講で元始天尊による救済を説明したところで、実際に衆生を救済する力を持っているのは、天の瑞応として自然に出現した気の集まりであり、元始天尊は天の意志を理解し説明するという役割であることを述べた。そして、元始天尊自身も、宇宙の始まりの時点で、自然の気を受けて生じた存在であった。このように、道教では、神格も教説も、本来、気のかたちで自然に出現したものと考えられている。これは道教以前の河図洛書にも通じる考え方であり、それはまた、文字というものの捉え方ともつながっているのである。

文字を天地自然、造化の神秘と結びつける見方は、書芸術について論じた書論にも顕著にあらわれている。唐代の書論としてよく知られている孫過庭（六四八？〜七〇三？）の『書譜』は、草書に秀でた著者が垂拱三年（六八七）に書いた真筆が台北国立故宮博物院に所蔵されている。そこには、古人の筆跡に見られる懸針《けんしん》・垂露《すいろ》・奔雷《ほんらい》・墜石《ついせき》などの筆法、あるいは鴻が飛び獣が駭《おどろ》き、あるいは鸞《らん》が舞い蛇が驚く姿を思わせる書のさまを挙げたあと、次のように述べている。

自然の妙有《みょうゆう》に同じく、力運の能く成すに非ず。信《まこと》に智と巧と兼ね優れ、心と手と双つながら暢ぶと謂うべし。

（孫過庭『書譜』）

優れた書は、「自然の妙有」、つまり、造化のおのずからなる至妙の造形と同じであり、それは人間の作為を超えたものであって、優れた英知と技法を兼ね備え、心と手が一体になって伸びやかに動く所から出てくると、孫過庭は言っているのである。

7　画論と道教――「造化を窮極す」

中国では「書画同源」という考え方がある。張彦遠が唐の大中元年（八四七）に著した『歴代名画記』は、「画の興廃を叙《の》ぶ」「画の六法を論ず」などの総論的な部分と、古代の伝説時代から、張彦遠の同時代に至るまでの画史・画家評伝の部分からなる書物であるが、その冒頭の「画の源流を叙ぶ」のところでは、画というものは教化を助ける重要な役割を持ち、「天然に発す」るものであることを述べ、ついで、河図洛書と蒼頡の文字創造のことを述べたあと、次のように言う。

> 是の時、書画は同体にして、未だ分かれず。象制《しょうせい》（造形）は肇《はじ》めて創せられて、猶お略なり。以て其の意を伝うるなし、故に書あり。以て其の形を見るなし、故に画あり。天地・聖人の意なり。
> （『歴代名画記』「画の源流を叙ぶ」）

書と画はその源流をたどれば一体であり、意味を伝える書と、形をあらわす画は、ともに天地・聖人の意志を示すものとして出てきたとしている。文字（書）の場合と同様、絵画も本来、天地自然の意志と結びついているという論述である。

『歴代名画記』よりも前に書かれた画論として、劉宋の宗炳《そうへい》（三七五〜四四三）の「画山水序」という文がある。熱心な仏教信者で、書画を善くし、山水を好み、名山を遊歴した宗炳は、「画山水序」の中で、「山水は形を以て道に媚び（道を美的に表現し）、而して仁者は楽しむ。亦た幾《ちか》からずや（何と道に近いことではないか）」と述べている。『論語』雍也《ようや》篇の「知者は水を楽しみ、仁者は山を楽しむ」という孔子の言葉をふまえつつ、山水というものは、万物の根源であり天地自然の理法でもある「道」の美的造形であり、「道」に近いものであると言っている。したがって、画家が目で山水を見て心に納得し、霊妙な精神で真理を感得し、それを画の中に表現すれば、そこに至上の境地が実現される。そしてそれを鑑賞する者も、「神を暢《の》ぶる」（精神をのびのびさせる）ことができるのである。

唐の玄宗時代の呉道玄は、山水画のみならず、すべてのジャンルの絵画に秀でた画家であるが、張彦遠はこの呉道玄を「画聖」と評し、次のように絶賛している。

唯だ呉道玄の迹《あと》を観るに、六法倶に全く、万象必ず尽くし、神人手を仮りて、造化《ぞうか》を窮《きゅう》極《きょく》すと謂うべし。

（『歴代名画記』「画の六法を論ず」）

歴代の画家の中で、呉道玄だけが画の六法（気韻生動・骨法用筆・応物象形・随類賦彩・経営位置・伝模移写）が完全に備わり、あらゆる形象を描き尽くしている。それはあたかも神が彼の手を借りて造化を極め尽くしたと言うべきさまであると、張彦遠は言っている。画の理想が、「造化を窮極す」る点にあることを明言したものとして、注目すべきであろう。

中国の書画論は、以上に述べたように、書も画もともに人為を超えたところにある天地自然、造化の秘密に触れるものであるという認識を持つことを特徴としており、それは、存在の根源にある「道」というものに目覚め、「道」に復帰することを説いた『老子』の思想を背景とする芸術論であると言える。道教は、同じく『老子』の思想を基盤とし、「道」に復帰することを通じて永遠の生命を求めようとするものであり、その点において、書画と道教はつながっているのである。

第10講
道教と日本文化

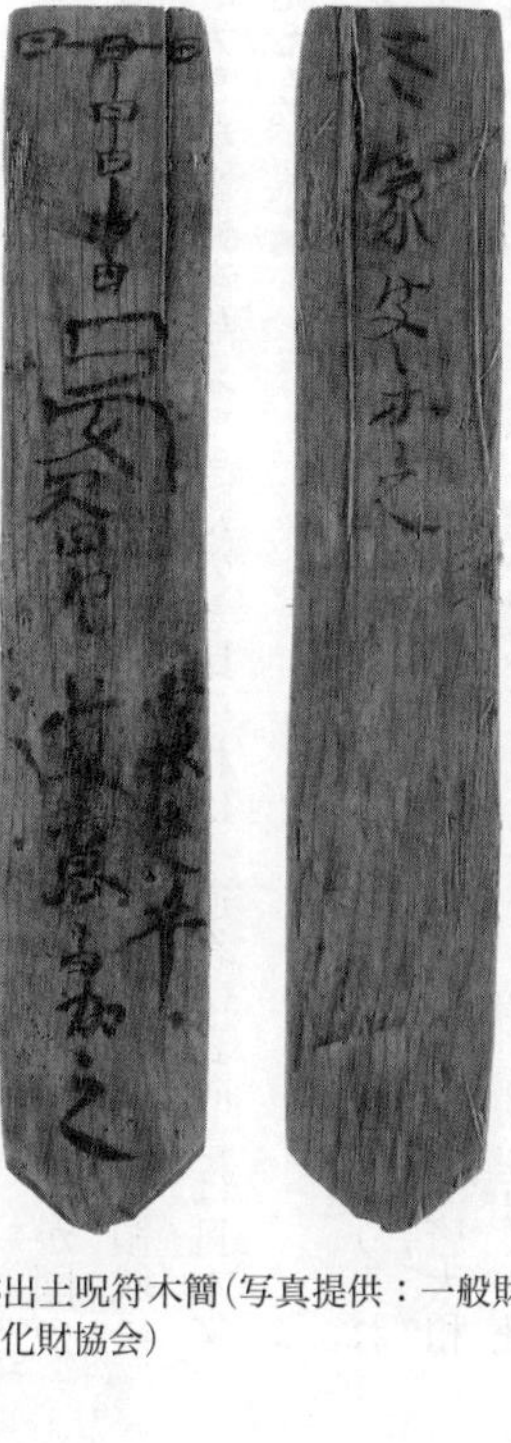

桑津遺跡出土呪符木簡(写真提供：一般財団法人
大阪市文化財協会)

1　道教の諸要素と日本文化

『老子』の「道」の思想から始まって、ここまで道教の思想についてさまざまな面から述べてきた。最後に、道教が日本文化にどのような影響を与えたのかを見ておきたい。

道教は、儒教・仏教と並んで三教の一つに数えられるが、日本の歴史を通じて、儒教が国の体制に関わる政治思想・倫理道徳として、また、仏教が学問・宗教・文学・美術など多領域にわたる総合的文化大系として、大きな影響を与えてきたのと比べれば、道教は表向きは日本文化との関わりは少ないように見える。

実際、道教は仏教のように組織だった形で日本には伝来していない。日本は道教を取り入れることに否定的であったという記録もある。宝亀一〇年(七七九)に淡海三船《おうみのみふね》が著した『唐大和上東征伝《とうだいわじょうとうせいでん》』には、唐の天宝年間(七四二〜七五六)に、仏教の戒を日本に伝えるために鑑真を招聘したいと、遣唐使が唐の玄宗に奏聞した時のこととして、「主上(玄宗)は道士を将《もっ》て去らしめんことを要《もと》む。日本の君王、先に道士の法を崇《あが》めず。便ち奏して春桃原《しゅんとうげん》等四人を留めて、住して(中国にとどまって)道士の法を学ばしむ」と記している。玄宗が道士を日本に連れ帰らせようとしたのに対し、日本では道士の法を尊んでいないという理由で、遣唐使はそれを拒否したというのである。この時の遣唐使の副使であった吉備真備《きびのまきび》（六九五〜七七五）は、唐に一八年間滞在し、中国の多くの典籍を日本に将来した人物であるが、子孫への訓戒のために著した書『私教類聚《しきょうるいじゅう》』の中では、「仙道、用いざる事」と述べ、儒教と仏教を重んじ道教を斥けるようにと言っている。

このように、日本では道士の正式な渡来はなく、道教全体がそのまま日本に入ってくるということはなかった。しかし、第1講で述べたように、道教はさまざまな要素が多層的に積み重なってできている。本書ではこれまで言及できなかったが、神仙術・養生思想に深く関わる医学・薬学思想も道教の構成要素と見なすことができる。道教を構成するこれらの要素は、それぞれに早くから日本に入って日本文化の一部分となり、日本文化の展開に影響を与えてきた。

古代日本において、道教関係の書物としてどのようなものが伝来していたかについては、平安時代の寛平年間（八八九〜八九八）に藤原佐世《ふじわらのすけよ》が著した勅撰の漢籍目録『日本国見在書目録《げんざいしょ》』によって知ることができる。『日本国見在書目録』は『隋書』経籍志の分類法に従って、易家から総集までの四〇家に書物を分類しているが、道教関係の書物は、雑伝家、土地家、道家、天文家、五行家、医方家などに分散して著録されている。雑伝家には『神仙伝』『列仙伝』など神仙の伝記に関する書、土地家には『山海経《せんがいきょう》』『神異経』『十洲記』など道教的宇宙観に関わる書の名が見える。

次に、道家には『老子』の河上公注・王弼注・玄宗御注、『荘子』の郭象注、『列子』『文子』『抱朴子内篇』などのほか、『老子化胡経』『本際経』『太上霊宝経』『消魔宝真安志経』の名も見える。『老子』『荘子』『抱朴子内篇』が日本古代の知識人によく読まれていたことは諸資料から明らかであるが、『老子化胡経』などの書が伝来していたことは注目される。『老子化胡経』は第8講、『本際経』は第1講・第8講で言及した。『太上霊宝経』『消魔宝真安志経』は霊宝経に属するものである。六朝隋唐時代の道教の状況を反映するこれらの書が、遣唐使を通じて日本にもたらされていたことが確認できる。

また、天文家には『天文災異雑占』『天地瑞祥志』『星占図』『日月讖図』など天文占術に関する書が、五行家には『三甲神符経』『三五大禁呪禁決』『大道老君六甲秘符』『顔氏易占』『遁《とん》甲《こう》』『太唐陰陽書』『赤松子玉暦《せきしょうしぎょくれき》』『玉女返閉《へんぱい》』など、符・呪禁・易占・遁甲（占星術の一種）などに関する書が記されている。これらは日本独自の発展を遂げる陰陽道《おんみょうどう》につながることになる。

『日本国見在書目録』に記された道教に関連する書の分類中、最も多くの巻数を占めるのは、医方家である。医方家には『黄帝素問』『黄帝甲乙経』『太清金液丹経』『神仙服薬食方経』『五岳仙薬方』『葛氏肘後方《かっしちゅうごほう》』『千金方《せんきんほう》』『調気道引方』『新修本草』『神農本草』『神仙芝草図』『黄帝針灸経』『病源論』など、医薬・鍼灸から服食・養生に至るまで一三〇九巻の書が記されている。日本古代の医術は、これらの書に示された道教的な医術と深い関わりを持っている。

2 神仙思想の受容

神仙という観念は早くから日本に入ってきていた。古墳時代前期（三世紀中頃〜四世紀）の畿内地域を中心とする古墳からは、三角縁神獣鏡《さんかくぶちしんじゅうきょう》と呼ばれる鏡が大量に出土しているが、その鏡の背面には西王母や東王父などの神仙の像が刻まれ、不老長寿と富貴栄達、子孫繁栄を願う文が記されている。西王母・東王父は中国古代神話に由来する神仙で、道教経典の中では道教の神々とされている。日本では仏教の伝来よりも先に神仙思想が知られていたことになる。

神仙思想は日本古来の常世国《とこよのくに》の観念と結びついていった。常世国というのは、海の彼方などきわめて遠い所にあると考えられていた想像上の国で、現実の世の有限性を超越した場所であるが、神仙思想が日本に入ってくると、不老不死の仙人が住む理想郷とされるようになる。そのことがよくわかるのは、日本人の誰もが知っている浦島太郎の話である。浦島太郎の最も古い伝承を記した『日本書紀』には、雄略天皇二二年（四七八）の条に次のような文が載っている。

秋七月、丹波国の余社郡《よざのこほり》の管川《つつかは》の人瑞江浦島子《みづのえのうらしまのこ》、舟に乗りて釣りす。遂に大亀を得たり。便《たちまち》に女に化為《な》る。是《ここ》に浦島子、感《たけ》りて婦《め》にす。相逐《したが》ひて海に入る。蓬萊山《とこよのくに》に到りて、仙衆《ひじり》を歴《めぐ》り観《み》る。

（『日本書紀』巻一四）

ここでは浦島子が至った海の中の場所は「蓬萊山」と記され、「とこよのくに」と読み慣わされている。東海の三神山の一つである蓬萊山が、常世国と結びつけられていることになる。そして、蓬萊山にいる「仙衆」(仙人たち)は「ひじり」と読まれ、日本古来の呪術的な司祭者・修行者のイメージで捉えられている。

『日本書紀』の浦島子の文は非常に短いものであるが、後にはもっと詳しい浦島物語が作られる。平安時代に作られた『浦島子伝』には、亀に姿を変えていた仙女と浦島子はもともと「夫婦の儀を結」んだ間柄であったが、仙女は、今は「蓬山」(蓬萊山)の「不死の金庭」に住む「天仙」となり、浦島子は「地仙」となっているとし、「朝には金丹石髄《きんたんせきずい》を服し、暮れには玉酒《ぎょくしゅ》瓊漿《けいしょう》を飲む。千茎《せんけい》の芝蘭《しらん》、老いを駐《とど》むるの方、百節の菖蒲、齢を延ばすの術あり」などと、蓬萊仙宮の神仙世界が修辞をこらした美文で描写されている。

平安時代の知識人たちが神仙思想に関心を持ち、その知識を身につけていたことをよく示す例として、『本朝文粋《ほんちょうもんずい》』の巻三「対冊」の部に載せる春澄善縄《はるずみのよしただ》(七九七〜八七〇)と都良香《みやこのよしか》(八三四〜八七九)の「神仙問対《もんたい》」を挙げることができる。大学寮で学んだ学生の最終試験として、神仙をテーマとする問題(策問)を春澄善縄が課し、都良香が対《こた》えたもの(対策)である。

都良香の対策には、神仙世界は「存するが若く亡《ごと》ずるが若し、言談杳《よう》として絶え易し。視を隔て聴を隔つ、耳目寂として通ずること罕《まれ》なり」であって、俗人には理解しにくく信じがたいものであるが、「諸《これ》を素論(高尚な言論)に求むるに、長生の験は寔《まこと》に繁し」と言って、『抱朴子』と同じような論理で神仙の存在を肯定する(第3講参照)。そして、神仙世界の描写としては、「四九三十六の天、丹霞《たんか》の洞高く闢《ひら》け、八九七十二の室、青巌の石削り成せり」と三十六洞天・七十二福地のことを挙げ(第4講参照)、「方諸の紫名」「太極の青文」「青童」など道教経典に出てくるような語彙が用いられている。これは漢詩文の教養を見る試験問題の解答として作られた文で、自身の思想とは直接つながるものではないが、少なくとも道教に関する書物をある程度学んでいたことがうかがわれる。

その他、平安時代初期に作られた勅撰漢詩集『文華秀麗集《ぶんかしゅうれいしゅう》』『経国集《けいこくしゅう》』や、中期に編纂された『和漢朗詠集《わかんろうえいしゅう》』などにも神仙世界を詠んだ詩が収められており、神仙思想に対して広く平安知識人の関心が及んでいたことを示している。

一一世紀末頃には、大江匡房《おおえのまさふさ》(一〇四一〜一一一一)によって『本朝神仙伝』が著された。中国の『神仙伝』に模して作られたものである。完全な形では残っていないが、三一人の伝記が現存している。それを見ると、不老長寿と昇天など、神仙の基本的な性格(第3講参照)は中国と共通する面が多いが、日本独特の捉え方もうかがえる。神仙として伝が立てられているのは、白鳥伝説を持つ倭武命《やまとたけるのみこと》や、片岡山で遭遇した飢人が尸解仙であることを見抜いた(『日本書紀』

推古天皇二一年の条に見える）聖徳太子から、都良香のような文人、あるいは、「美濃国の河の辺《ほとり》の人」のような地方の名も無き隠者に至るまで、きわめて幅が広い。特に、空海や円仁《えんにん》のような高僧や、役行者《えんのぎょうじゃ》や泰澄《たいちょう》のような山岳修行者など、仏法を修めて神力を得た者が神仙と見なされている場合が多いことも注目される。日本では、神仙と仏教との距離が中国よりもさらに近いという見方ができるであろう。

3 空海『三教指帰』の道教理解

古代日本において、道教を儒教・仏教と並べて「三教」と呼び、三者を比較しつつ、それぞれの思想の要点についてはじめて本格的に論述したのは、空海（七七四〜八三五）の『三教指帰《さんごうしいき》』である。延暦一六年（七九七）、二四歳の空海は周囲の反対を押し切って出家する決意を固め、『聾瞽指帰《ろうこしいき》』を著した。『聾瞽指帰』は空海の真筆本（国宝、金剛峯寺蔵）が現存することでよく知られているが、それをのちに空海自身が書き改めたものが『三教指帰』である。空海が『三教指帰』を著したのは、中国の六朝時代末から唐代初めにかけて仏教と道教の論争が盛んに行われ（第8講参照）、儒教を加えた三教について論じた文も多く作られていたことの影響があると考えられる。

『三教指帰』は序文のあと、巻上「亀毛先生論《きもうせんせいろん》」、巻中「虚亡隠士論《きょぼういんしろん》」、巻下「仮名乞児論《かめいこつじろん》」

の三巻から成る。全体が戯曲的な構成になっていて、館の主人の兎《と》角公《かくこう》と、その甥で非行少年の蛭牙《しつが》公子《こうし》がいる所へ、最初に、亀毛先生が登場し、兎角公の依頼を受けて、儒教の教えを説いて蛭牙公子を教え諭す。ついで、虚亡隠士が登場して道教の教えを説き、世俗を超えたものを追求する点で、道教は儒教よりも優れていると述べる。最後に、仮名乞児が登場して仏教の教えを説き、仏教こそが三教の中で最も広大な真理の教えであると述べる。

仮名乞児は空海の自画像であり、仏教の道を選び取った空海の思いが託されている。空海は、「聖者　人を駆《か》る(導く)に、教えの網は三種あり。所謂《いわゆる》　釈(仏教)・李(道教)・孔(儒教)なり。浅深隔《へだ》て有りと雖も、並びに皆、聖説なり」(『三教指帰』序)と述べて、三教は皆、聖人の説であり、それぞれに価値を持つことを基本的に認めた上で、仏教を最上とする全体の中にすべてを位置づけようとしたと言える。

それでは、空海は道教をどのように認識していたのであろうか。巻中「虚亡隠士論」では、秦の始皇帝や漢の武帝のように俗界で贅沢の限りを尽くしながら仙人になることを求めるのは間違っていること、仙術を学ぶためには、まず、わが身の中に存在するさまざまの欲望を断ち切らなければならず、その上で服餌(服食)を行えば、長生の道が開けてくることを述べる。そして、その方法について、次のように言う。

白朮《びゃくじゅつ》・黄精《おうせい》、松脂《まつやに》・穀実の類は、以て内痾《ないあ》(体の中の病気)を除き、蓬矢《よもぎのや》・葦戟《あしのほこ》・神符(おふだ)・呪禁(呪文を唱えて邪気を退けること)の族は、以て外難(外からの危難)を防ぐ。呼吸は時を候《うかが》い、緩急は節(季節)に随う。……又た白金・黄金は、乾坤(天地)の至精にして、神丹・錬丹は、薬中の霊物なる有り。服餌するに方有り、合造するに術有り。

(『三教指帰』巻中)

ここに挙げられた薬草や符・呪禁・呼吸法・錬丹のことなどは、いずれも『抱朴子』の諸篇(仙薬篇・登渉篇・黄白篇・金丹篇その他)や『黄帝内経素問』などに出てくるものである。

虚亡隠士はさらに、これらの仙術を修めることによって、身体が若返って長生きし、時空を超えて思いのままに天翔ることができるようになり、「淡泊にして欲無く、寂寞として声無く、天地とともに以て長く存し、日月とともにして久しく楽しむ」というように、根源の「道」と一体化して、精神の自由を得ることができると述べる。神仙世界への飛翔については、「赤烏《せきう》の城に放曠《ほうこう》し、紫微の殿に優遊す。織女を機上に視、姮娥《こうが》を月中に要《もと》む」などと、『文選』に出てくる語彙などをふまえた四六駢儷文《しろくべんれいぶん》の装飾的な文体で記されている。

以上のような『三教指帰』の記述から見て、空海は道教というものを、『老子』の恬淡無欲にして「道」と一体化するという思想と、『抱朴子』に見える神仙思想とを合わせたような形で捉えていたことがうかがわれる。特に、『抱朴子』からの引用がきわめて多く、空海の道教認識には『抱朴子』の影響が大きいことがわかる。このような道教認識は、空海と同時代の中国の道教の実態とはかなりの隔たりがある。空海と同じ唐の時代の中国では、各地に道観が建てられ多数の道士がいて国家的な道教儀礼が行われたり(第1講参照)、また、『老子』を最も重んじる一方で、仏教思想を大幅に吸収した『本際経』のような道教経典も全国に流布していた(第8講参照)。空海が『三教指帰』で述べた神仙思想中心の道教の認識と、唐代の実際の道教との間の隔たりは、道士の渡来を拒否し、道教をまるごとの形で受け入れることに否定的であった日本の歴史とも関わっているように思われる。

4 呪術・方術の受容

道教を構成する要素のうち、神仙思想が早くから受容され、古代日本の知識人たちに大きな関心を持たれていたことを以上に見てきたが、神仙のような観念的・抽象的なものではなく、日常生活と密接に結びついた実用的・具体的なものも受容された。病気治療のための医薬の術、健康を維持する養生法、災禍を退けるための呪術、将来のことを予知する占術などである。

『日本書紀』によれば、継体天皇七年(五一三)に百済から五経博士《ごきょうはかせ》の段楊爾《だんように》が派遣され(同、一〇年九月に交代)、欽明天皇一四年(五五三)六月に、日本から百済に対して、医博士・易博士・暦博士らの交代と、卜書(占いの書)や暦本、種々の薬物の送付を求めると、それに答えて、翌年の二月に、百済から五経博士と易博士、暦博士、医博士、採薬師らが派遣されてきたという。五経の中に『易』も含まれているのに、それとは別に易博士を求めたのは、占術に対する関心が高かったことを示している。さらに、推古天皇一〇年(六〇二)には、百済の僧観勒《かんろく》によって暦本、天文地理の書、遁甲《とんこう》方術の書がもたらされ、書生三~四人が選ばれてこれらを学び、業を成したという。これらの技術の中には、道教の要素である陰陽五行思想や呪禁・占い・符《ふ》籙《ろく》(おふだ)などの道術も含まれている。

このようにして日本に受容されたものは、大宝元年(七〇一)に大宝律令が制定されると、陰陽・暦・天文・漏刻の四部門から成る陰陽寮と、医薬をつかさどる典薬寮が設置され、律令国家の中に組み込まれた。しかし、その一方で、道術の中には人々を惑わせて弊害を生じる方向へ進むものもあったので、聖武天皇の天平元年(七二九)二月に起こった長屋王《ながやおう》の変《へん》の直後の同年四月に、「異端を学習し、幻術を蓄積し、厭魅《えんび》呪詛して百物を害《そこな》い傷つける者」や、「書符を封印し、薬を合わせ毒を造る」者を厳罰に処するという勅命が下された(『続日本紀』巻一〇)。本来は邪気を払って病気を治したり、不老長生を求めたりするために用いられる符や呪文、薬の製造などの道術が、他者を傷つけ損なう目的で使われることがあり、そういう方向に走る者を厳しく排斥しようとしたのである。

符や呪文を用いることは、第1講で述べたように、太平道で病気治療のために符水呪説が行われたり、『抱朴子』遐覧篇で多数の符の名前が挙げられていることなどからわかるように、道教の重要な要素である。葛洪は、「符は老君より出で、皆　天文(人為ではない自然の文様)なり。老君は能く神明に通ず。符は皆　神明の授くる所なり」(『抱朴子』遐覧篇)と言い、符は信心を持って正確に書かなければ、役に立たないのみならず、かえって害になると述べている。符の文様は、人間の世界から鬼神の世界へ力を及ぼす視覚的な手段と見なされたようである。呪文はその聴覚的な手段であった。

日本各地から、古代から中世に至るまで多数の呪符木簡《じゅふもっかん》が発見されている。呪符木簡というのは、短冊状の細長い木の板に符の文様と文字を記したもので、最も古いのは、大阪市の桑津《くわづ》遺跡から出土した七世紀前半のもので(本講扉)、木簡の上部に「日」の字をT字型に繋いだ形の符が記されている。また、藤原京(六九四〜七一〇)跡から出土した呪符木簡の中には、「鬼小」などの文字とともに複雑な形の文様の符がいくつか記されているものがあり、これは井戸があった場所から出土していることや符の文様から、治水あるいは井戸の祭祀に関わるものと推測されている。呪符木簡はさまざまの用途・目的で作られたようである。

呪符木簡には「急　急　如律令《きゅうきゅうにょりつりょう》」という文字が書かれているものが多くある。「急急如律令」とは、もともと法律用語で詔書を下す際に末尾に書かれた語であるが、後漢時代末頃から民間信仰で悪鬼を退ける呪句として用いられ始め、道教経典でも用いられるようになった。たとえば、第5講で取り上げた『神呪経』には、巻七「斬鬼品」に「一一　太上(天の最高神)の口勅の如くし、留停するを得ず。急急如律令」とあるのをはじめ、繰り返し出てくる。「急急如律令」は陰陽道や修験道の符などにも用いられ、呪符信仰は日本社会に広く浸透していった。

5　山上憶良「沈痾自哀文」

次に、医薬・養生思想の方面を見ていこう。大宝律令に定められた典薬寮は、医・針・按摩・呪禁・薬園の五種の専門職から成り、それぞれの技能で職務を行い、あわせて後進の教育も行われた。医生(医を学ぶ学生)は『甲乙』『脈経』『本草』など、針生は『素問』『黄帝針経』『明堂』『脈決』などを学び、薬園生は『本草』を読んで採薬の法を知ることが課された(『養老令』医疾令復元逸文による)。ここで教材とされた書物は、いずれも中国の医薬書で、道教とも関わりが深い。

奈良時代初めの知識人の作品で、病気と医療についての考え方がよくうかがわれるのは、山《やまの》上憶良《うえのおくら》(六六〇~七三三?)の「沈痾《ちんあ》自《じ》哀文《あいぶん》」(『万葉集』巻五)である。天平五年(七三三)、七四歳の時に書かれたと考えられるもので、十余年にわたって病に苦しみ、死と向き合った憶良の気持ちが率直に表現されており、詳しい自注も添えられている。まず、毎日、仏法を敬い天地諸神を礼拝して、修善に心がけ悪事を作すことのなかった自分が、なぜ重い病にかかってしまったのかと自問し、「亀卜《きぼく》（占い）の門、巫祝《ふしゅく》（神官）の室」を訪ね、教えられたとおりに幣帛《へいはく》を奉り祈禱を行ったが、病は治癒しなかったことを述べたあと、次のように言う。

吾聞く、前代に多く良医有りて、蒼生《そうせい》（人々）の病患を救療す。楡柎《ゆふ》、扁鵲《へんじゃく》、華他（華佗《かだ》）、秦の和《か》、緩《かん》、葛稚川《かっちせん》、陶隠居、張仲景等《ごと》の若きに至りては、皆是れ世に在りし良医、除愈せずということ無しと。件の医を追望するに、敢えて及ぶ所に非ず。（「沈痾自哀文」）

ここに「前代の良医」として憶良が名を挙げている人々のうち、葛稚川（葛洪）は言うまでもなく『抱朴子』の著者であり、陶隠居（陶弘景）は上清派道教の起点となった『真誥』を編纂した人物である（第1講参照）。陶弘景は本草学（中国における薬学）の基本的文献である『神農本草経』（後漢の成立）を校定し、その上に名医が用いた薬を補充して『本草経』の定本を作り、これに自身の注を附して『本草集注』三巻を作成した。それは『真誥』の編纂と並行して行われ、五〇〇年頃に完成したと考えられている。上述のように、『本草』は典薬寮の医生・薬園生の教材であったが、八世紀の末頃から『新修本草』が用いられるようになる以前は、陶弘景の『本草集注』が用いられた。道教の歴史に大きな足跡を残した葛洪と陶弘景を、憶良が「良医」

として認識しているところからも、道教と医学薬学の深いつながりを見ることができよう。

ついで、「沈痾自哀文」は『志怪記』や『遊仙窟』などの小説類や、『寿延経』のような仏教系の書、『抱朴子』『帛公略説《はくこうりゃくせつ》』『鬼谷《きこく》先生相人書《そうじんしょ》』などの道教系の書を引用し、さらに孔子の川上《せんじょう》の嘆《たん》(『論語』子罕篇)にも言及しながら、古人が己の生命と死というものにどのように向き合ってきたかを考える。その中で憶良が述べる「故に生の極めて貴く、命の至りて重きことを知る」という言葉は、第3講で挙げた『太平経』の生命観に通じるものがある。また、憶良は、「若《も》し夫れ群生品類、皆尽くること有る身を以て、並びに窮まり無き命を求めずということ莫し。所以《ゆえ》に道人方士、自ら丹経を負い、名山に入りて合薬するは、性を養い神を怡《よろこ》ばしめて、以て長生を求む」と述べ、無窮の生命を追求する神仙道教にも思いをめぐらしている。

6『医心方』の養生法

医学と道教が密接な関係にあることは、日本に現存する最古の医学書である『医心方《いしんぽう》』を見ても明らかである。『医心方』三〇巻は、宮中の針博士であった丹波康頼《たんばのやすより》(九一二〜九九五)が永観二年(九八四)に朝廷に献上したもので、医学の全領域を網羅した総合的なものであるが、その内容は唐の道士、孫思邈《そんしばく》の『千金要方』をはじめ、中国の多数の書物の引用から成り、その中には『抱朴子』や嵆康の「養生論」など道教関係の書物も含まれている。

『医心方』では健康を維持するために日常に行うべき養生法が重視されていて、「養生篇」（巻二七）が独立して立てられている。「養生篇」は大体・谷神《こくしん》・養形・用気・導引・行止・臥起・言語・服用・居処・雑忌の一一項に分かれ、体内神を養って精神の安定を図ることやさまざまな身体養生法、呼吸法や導引、立ち居振る舞いや睡眠法、話し方や衣服のこと、その他、日常生活におけるさまざまの禁忌などが、事細かに記載されている。体内神の存思や呼吸法・導引は、第3講と第6講で述べたように、道教の養生法として重要なものである。また、日常生活における禁忌としては、長生の道を修める上での倫理道徳が挙げられているが、そこには『抱朴子』微旨篇の文などが引用されている。

このように、『医心方』には道教の養生法が数多く載っているのであるが、その中には、次のような興味深いものがある。

真誥に曰く、髪を櫛《くしけず》るに、弘多（広範囲に多数回）を得んと欲す。血気を通じ、風湿を散ずるなり。数《しば》しば櫛《くし》を易《か》うれば、逾《いよ》いよ良しと。（「養生篇」養形）

南岳夫人云う、臥床（ベッド）は務めて高くせよ。高ければ則ち地気及ばず、鬼吸も干《おか》さず。鬼気の人を侵すは、常に地面に依りて上に向かうと。（「養生篇」居処）

この二つの文は、『医心方』ではいずれも『延寿赤書』(唐の裴鉉が玄宗に奉った書)からの引用として挙げられているが、実際には、前者は陶弘景が編纂した『真誥』の巻九に見える文、後者も『真誥』の巻一五に出てくる文である。上述の『日本国見在書目録』には『真誥』の名は見えないが、その中の養生法の一部は、『延寿赤書』を介して平安時代の日本に伝わっていたことがわかる。

7 江戸時代の道教受容

古代日本における道教(の要素)の受容について、以上にその概要を述べてきた。中世以後は、下出《しもで》積與《せきよ》『道教と日本人』の言葉を借りれば、「仏教とか神道、あるいは陰陽道とか修験道・民間信仰などといったものに習合された形で、いわば、それらの中に埋没していってしまった」(一八〇頁)。しかし、そういう中でも、江戸時代になると、新しい傾向も出てきた。

その新しい傾向として、まず、『太上感応篇』などの善書の流行が挙げられる。道教の日常倫理の書として宋代以降の中国社会で広まった『太上感応篇』は、第7講で述べたように、実際には『抱朴子』の対俗篇・微旨篇の文がその過半を占める。『抱朴子』は憶良や空海をはじめ、奈良・平安時代以来の多くの人々に読まれてきたし、上記のように、『医心方』にも引用されているので、すでに道教倫理の内容は日本に伝わっていたと言えるが、『太上感応篇』そのものが日本に渡来したのは、一五世紀末のようである(三条西実隆『実隆公記』明応三年の条に「新たに渡れる書」として見える)。江戸時代になると、庶民のための実践道徳の書として関心を集め、日本人にわかりやすい平易な読みや注解を施したものなどもいくつか作られ、版を重ねて刊行されて、人々の間に広く浸透した。

次に、江戸時代には学者・文人の中で、道教の思想と密接に関わる人たちが出てきたことも、新しい傾向として挙げられる。たとえば、貝原益軒《かいばらえきけん》(一六三〇〜一七一四)は有名な『養生訓』を著したが、その内容は、本書で見てきた道教の思想と共通する面が多い。益軒は養生の根本は「元気」を保つことであるとし、次のように述べている。

人の元気は、もと是《これ》天地の万物を生ずる気なり。是人身の根本なり。人、此気にあらざれば生ぜず。生じて後は、飲食、衣服、居処の外物の助によりて、元気養はれて命をたもつ。飲食、衣服、居処の類も、亦、天地の生ずる所なり。生るるも養はるるも、皆天地父母の恩なり。

(『養生訓』総論上)

ここで益軒が言う「元気」とは、第2講と第4講で見た『老子』の「道」の思想や中国の宇宙生成論の中で出てきたものと同じである。また、「心は身の主也、しづかにして安からしむべし」（総論上）という益軒の心身観は、第3講で述べたように、道教の生命観の基礎となる考え方である。

さらに、「心を平らかにし、気を和《なご》やかにし、言をすくなくし、しづかにす。是《これ》徳を養ひ身をやしなふ。其道一《いつ》なり。多言《たげん》なると、心さはがしく気あらきとは、徳をそこなひ、身をそこなふ。其害一なり」（総論下）と言っているのは、第6講で述べた道教の修養論と共通する。また、自然界の「陰陽の気」が流行して滞らないことが四季の順調なめぐりと豊作をもたらすのと同様に、人身においても「気血よく流行して滞らざれば、気つよくして病なし」（総論上）として、呼吸法や導引・按摩・叩歯などの方法を説いているのは、道教の養生の思想・方法と同じである。そして、益軒はこのような養生を、「天地父母に孝をつくし、人倫の道を行」（総論上）うことにつながるものであると位置づけている。

益軒の『養生訓』より六十年余りのちに著された三浦梅園《みうらばいえん》（一七二三～八九）の『養生訓』にも、ほぼ同じ趣旨のことが書かれている。三浦梅園の長男、三浦黄鶴《こうかく》が著した「先府君孿山《れんざん》先生行状」によると、梅園は、「陶弘景と韓康伯《かんこうはく》の人と為りを慕」い、みずから「洞仙」と称していたという。陶弘景はこれまでに何度も出てきた人物、韓康伯は東晋の人で、『易』繋辞伝のすぐれた注釈で知られている。洞仙というのは地仙と同じで、第4講に述べた地上の仙境――名山の洞窟の中に広がる洞天――に住む仙人のことである。梅園は医業の傍ら、漢学・医学薬学・天文暦算の学などあらゆる領域の学問を修めて思索を続け、代表作『玄語』『贅語《ぜいご》』『敢語《かんご》』のいわゆる『三語』をはじめ数多くの著作を残した思想家であるが、みずからを神仙世界の住人と称し、陶弘景という道教・本草学の偉人を敬慕していたことは注目される。

梅園の哲学は、「一元気陰陽という気の哲学を一つの、条理の学、にまで作りあげた」（島田虔次「三浦梅園の哲学——極東儒学思想史の見地から」『日本思想大系41　三浦梅園』六六九頁）と評価されている。梅園は、「一元気は玄なり」（『玄語』例旨附言）と説き、『元炁論』も著した。本書で見てきたように、道教の思想は宇宙論・修養論・社会思想などあらゆる面において、「気」の概念が根本にある。福永光司「三浦梅園と道教」が指摘するように、「道教の哲学を理解しておいた方がより的確に梅園の哲学を理解することが可能なのではないか」（『道教と日本文化』一五九頁）と考えられる。

江戸時代の後期、道教関係の文献を引用しつつ、独特の神道説を称えたのは平田《ひらた》篤胤《あつたね》（一七七六〜一八四三）である。その著作『赤県太古伝《せきけんたいこでん》』『黄帝伝記』『天柱五嶽余論』などには、『抱朴子』や『神仙伝』はもちろんのこと、『老子中経』『十洲記』『岳瀆《がくとく》名山記』をはじめ、きわめて多くの道教文献が引用されている。『真誥』や『清虚真人王君内伝』『紫陽真人周君内伝』（第9講参照）など上清派に関連する書物からの引用も多い。もっとも、篤胤は道蔵を見る機会はなく、そのダイジェスト版である『雲笈七籤』（第1講参照）を読み、そこに引かれている諸々の文献を自著に引用したようである。

篤胤の説は、道教の宇宙論において地仙たちの統率者とされる東海青童君(第4講参照)を、もともとは日本の少彦名命《すくなびこなのみこと》であったとするなど、第8講で見た老子化胡説・三聖派遣説と同じようなことが行われていて、全く奇抜なものであるが、少なくとも、明治以前の時点で道教の文献を広く渉猟し、そこから自説を打ち立てるまでに深く読み込んでいたことは注目に値すると言えよう。

あとがき

一昨年の三月、私は三七年間勤めた名古屋大学を定年退職した。在職中は、所属が教養部、情報文化学部、文学研究科、人文学研究科と変わり、それに伴う研究室の移動は若干あったが、同じ名古屋大学東山キャンパスで長い間過ごしたことになる。

新書編集部の杉田守康さんから、「道教の歴史」または「道教思想」をテーマに、広い読者に向けた本を書きませんかというお話をいただいたのは、大学の最終講義の準備をしていた二月中旬のことであった。杉田さんは、一〇年ほど前、「書物誕生――あたらしい古典入門」のシリーズで、『老子』――〈道〉への回帰』を執筆した時に、お世話になった方である。

振り返ってみると、私は名古屋大学の授業では、六朝隋唐時代を中心とする中国思想文化の講義を行ったり、『老子』『荘子』『論語義疏』などを演習で取り上げたりしていたが、道教の歴史や道教思想については、必要に応じて断片的に話をする程度で、まとまった講義をしたことがなかった。確かに、私が著した研究論文や学術書は、大半が道教思想に関する内容であるが、いずれも限られた狭い範囲のものであるし、名古屋大学在職中には、道教思想の講義をするようにといくつかの大学から集中講義に呼んでいただいたりもしたが、その時々の忙しさに追われて十分な準備もできず、あまり満足できる講義はできなかったように思う。

そんな状態であったから、杉田さんからのお話は、あらためて道教思想全般について考え直し、整理するよい機会だと思い、有り難くお引き受けすることにした。私の定年後の最初の仕事は、本書の構成を考えることだった。大体の構想をまとめ、また、すでに約束していた別の仕事を終えた後、本格的に本書の執筆に取りかかったのは、昨年の春である。定年後は生活環境が大きく変わったことや、執筆をしばらく中断していた時期もあったりして、当初の予定からはだいぶん遅れてしまったが、今年の四月には、もう少しで完成という所まで来た。その段階で、突如沸き起こったのが、新型コロナウイルスの感染拡大という緊急事態である。

一〇〇年に一度という歴史的な出来事に遭遇し、「外出自粛」に始まって、「新しい生活様式」の実践が求められ、「ウィズ・コロナ時代」を生きるという、全く予想もしなかったような展開になった。今なおコロナの脅威は止まる気配を見せておらず、全世界が先の見えない不安に追い込まれている。道教の文献には、災厄のことが多く出てくる。道教も、他の思想や宗教と同じように、その長い歴史の中で、さまざまな形で世に出現した災厄に対し真剣に向き合おうとした人々とともにあったに違いない。そんなことを今更のように強く感じながら、本書の執筆を終えた。

本書は、「道教思想10講」というタイトルで、思想面に焦点を当てて述べてはいるが、最後は「道教と文学・芸術」「道教と日本文化」の方面にまで及んでいて、かなり大風呂敷を広げた形になっている。幅を広げた分、やや中途半端な内容になってしまったのではないかと恐れているが、その一方で、道教の持つ大きな広がりの一端を示すことができた点ではよかったかもしれない。

本書の執筆にあたっては、斯学の研究成果を利用させていただいた部分も少なくない。本書の一〇回の講義は、これら先行研究の蓄積の上にある。「読書案内」をまとめながら、若い頃から近年に至るまで、お世話になった方々のことが次々と思い出された。大学の講義室や研究会の場などで直接に、あるいは、著書や論文を通じて間接的に、先生方や先輩・友人たちから教えられ、学び、考えることができた。学恩を受けた多くの方々に、この場を借りて感謝申し上げたい。

編集の杉田さんには、執筆のお話をいただいてから今日まで、要所要所でいつも的確な助言をいただいた。原稿を最初にお読みくださり、貴重なご指摘もいくつか頂戴した。コロナ禍で変則的な仕事の進め方を余儀なくされる中、いろいろと工夫をして手助けしてくださったことは有り難かった。刊行にまでたどり着くことができたのは、杉田さんのおかげである。心よりお礼を申し上げたい。また、最終段階で丁寧に目を通して疑問点を指摘してくださった校正担当の方にも、あわせて謝意を表したい。道教思想のエッセンスをわかりやすく伝えるという目標をどれだけ達成しているかは、読者の判断に委ねるしかないが、定年後の最初の課題であった本書の出版を、何とか無事に実現できることにひとまず安堵している。

神塚淑子

二〇二〇年八月

岩波新書/最新刊から

1839
イスラームからヨーロッパをみる
―社会の深層で何が起きているのか―
内藤正典 著

シリアと難民、トルコの存在など過去二〇年間の出来事を、著者四〇年のフィールドワークをもとにイスラームの視座から読み解く。

1840
コロナ後の世界を生きる
―私たちの提言―
村上陽一郎 編

今後に私たちを待ち受けているのは、いかなる世界なのか。コロナ後を生き抜くための指針を、各界の第一人者二四名が提言。

1773
シリーズ アメリカ合衆国史④
グローバル時代のアメリカ
冷戦時代から21世紀
古矢旬 著

黄金時代の「アメリカの夢」を失い、統御不能なグローバル化と和解困難な国内の分極化へ向かう現代史を描く。

1841
カエサル
―内戦の時代を駆けぬけた政治家―
小池和子 著

共和政末期の政治社会状況やキケローら同時代人の動向、『ガリア戦記』などの彼自身の著作活動にも着目し、その苛烈な生涯を描く。

1842
美しい数学入門
伊藤由佳理 著

分類の美から説き起こし、集合と論理、群論、線形代数学へと進む。「美しい」を切り口とした、文系理系を問わない数学入門。

1843
人口の中国史
―先史時代から一九世紀まで―
上田信 著

一八世紀の人口爆発を知れば、本当の中国が見えてくる。大変化のメカニズムを明らかにし、歴史と現在を人口から大胆に読み解く。

1844
性からよむ江戸時代
―生活の現場から―
沢山美果子 著

妻との交合を記す日記や、夫婦間の裁判沙汰、医者の診療記録などを丹念に読み、江戸時代に生きた普通の女と男の性意識に迫る。

1845
国際人権入門
―現場から考える―
申惠丰 著

日本社会で現実に起きている人権問題も、国際人権基準から考えることで解決への新たな視座が得られる。実践的な入門書。

(2020. 9)

世界史

岩波新書より

天保の義民 松好貞夫
太平洋海戦史〔改訂版〕 高木惣吉
昭和史〔新版〕 遠山茂樹・今井清一・藤原彰
近衛文麿 岡義武
管野すが 絲屋寿雄
山県有朋 岡義武
明治維新の舞台裏〔第二版〕 石井孝
革命思想の先駆者 家永三郎
福沢諭吉 小泉信三
吉田松陰 奈良本辰也
「おかげまいり」と「ええじゃないか」 藤谷俊雄
犯科帳 森永種夫
大岡越前守忠相 大石慎三郎
江戸時代 北島正元
大坂城 岡本良一
豊臣秀吉 鈴木良一
織田信長 鈴木良一
歌舞伎以前 林屋辰三郎

京都 林屋辰三郎
日本の歴史 中 井上清
天皇の祭祀 村上重良
沖縄のこころ 大田昌秀
ひとり暮しの戦後史 塩沢美代子・島田とみ子
伝説 柳田国男
岩波新書で「戦後」をよむ 小森陽一・成田龍一・本田由紀
岩波新書の歴史 付・総目録 1938-2006 鹿野政直

シリーズ日本近世史

戦国乱世から太平の世へ 藤井讓治
村 百姓たちの近世 水本邦彦
天下泰平の時代 高埜利彦
都市 江戸に生きる 吉田伸之
幕末から維新へ 藤田覚

シリーズ日本古代史

農耕社会の成立 石川日出志
ヤマト王権 吉村武彦
飛鳥の都 吉川真司
平城京の時代 坂上康俊
平安京遷都 川尻秋生
摂関政治 古瀬奈津子

シリーズ日本近現代史

幕末・維新 井上勝生
民権と憲法 牧原憲夫
日清・日露戦争 原田敬一
大正デモクラシー 成田龍一
満州事変から日中戦争へ 加藤陽子
アジア・太平洋戦争 吉田裕
占領と改革 雨宮昭一
高度成長 武田晴人
ポスト戦後社会 吉見俊哉
日本の近現代史をどう見るか 岩波新書編集部編

シリーズ日本中世史

中世社会のはじまり 五味文彦
鎌倉幕府と朝廷 近藤成一

岩波新書より

日本史

哲学・思想

宗教

初期仏教 ブッダの思想をたどる	馬場紀寿
内村鑑三 悲しみの使徒	若松英輔
パウロ 十字架の使徒	青野太潮
弘法大師空海と出会う	川﨑一洋
高野山	松長有慶
マルティン・ルター	徳善義和
教科書の中の宗教	藤原聖子
『教行信証』を読む 親鸞の世界へ	山折哲雄
国家神道と日本人	島薗進
聖書の読み方	大貫隆
寺よ、変われ	高橋卓志
親鸞をよむ	山折哲雄
日本宗教史	末木文美士
中世神話	山本ひろ子
法華経入門	菅野博史
イスラム教入門	中村廣治郎
ジャンヌ・ダルクと蓮如	大谷暢順
蓮如	五木寛之
キリスト教と笑い	宮田光雄
密教	松長有慶
仏教入門	三枝充悳
モーセ	浅野順一
イスラーム(回教)	蒲生礼一
背教者の系譜	武田清子
聖書入門	小塩力
イエスとその時代	荒井献
慰霊と招魂	村上重良
国家神道	村上重良
お経の話	渡辺照宏
日本の仏教	渡辺照宏
仏教〔第二版〕	渡辺照宏
チベット	多田等観
禅と日本文化	鈴木大拙 北川桃雄訳

心理・精神医学

モラルの起源	亀田達也
トラウマ	宮地尚子
自閉症スペクトラム障害	平岩幹男
自殺予防	高橋祥友
だます心だまされる心	安斎育郎
痴呆を生きるということ	小澤勲
快適睡眠のすすめ	堀忠雄
精神病	笠原嘉
やさしさの精神病理	大平健
生涯発達の心理学	高橋惠子 波多野誼余夫
コンプレックス	河合隼雄

社会

サイバーセキュリティ　谷脇康彦
まちづくり都市 金沢　山出 保
虚偽自白を読み解く　浜田寿美男
総介護社会　小竹雅子
戦争体験と経営者　立石泰則
住まいで「老活」　安楽玲子
現代社会はどこに向かうか　見田宗介
EVと自動運転 クルマをどう変えるか　鶴原吉郎
ルポ 保育格差　小林美希
津波災害〔増補版〕　河田惠昭
棋士とAI　王 銘琬
原子力規制委員会　新藤宗幸
東電原発裁判　添田孝史
日本問答　田中優子・松岡正剛
日本の無戸籍者　井戸まさえ
〈ひとり死〉時代のお葬式とお墓　小谷みどり

町を住みこなす　大月敏雄
親権と子ども　榊原富士子・池田清貴
歩く、見る、聞く 人びとの自然再生　宮内泰介
対話する社会へ　暉峻淑子
悩みいろいろ　金子 勝
魚と日本人 食と職の経済学　濱田武士
ルポ 貧困女子　飯島裕子
鳥獣害 動物たちと、どう向きあうか　祖田 修
科学者と戦争　池内 了
新しい幸福論　橘木俊詔
ブラックバイト 学生が危ない　今野晴貴
原発プロパガンダ　本間 龍
ルポ 母子避難　吉田千亜
日本にとって沖縄とは何か　新崎盛暉
日本病 長期衰退のダイナミクス　金子 勝・児玉龍彦
雇用身分社会　森岡孝二
生命保険とのつき合い方　出口治明

ルポ にっぽんのごみ　杉本裕明
鈴木さんにも分かるネットの未来　川上量生
地域に希望あり　大江正章
世論調査とは何だろうか　岩本 裕
フォト・ストーリー 沖縄の70年　石川文洋
ルポ 保育崩壊　小林美希
多数決を疑う 社会的選択理論とは何か　坂井豊貴
アホウドリを追った日本人　平岡昭利
朝鮮と日本に生きる　金 時鐘
被災弱者　岡田広行
農山村は消滅しない　小田切徳美
復興〈災害〉　塩崎賢明
「働くこと」を問い直す　山崎 憲
原発と大津波 警告を葬った人々　添田孝史
縮小都市の挑戦　矢作 弘
福島原発事故 被災者支援政策の欺瞞　日野行介
日本の年金　駒村康平

岩波新書より

政治

日米安保体制史　吉次公介
官僚たちのアベノミクス　軽部謙介
在日米軍　変貌する日米安保体制　梅林宏道
憲法改正とは何だろうか　高見勝利
共生保障〈支え合い〉の戦略　宮本太郎
シルバー・デモクラシー　戦後世代の覚悟と責任　寺島実郎
憲法と政治　青井未帆
18歳からの民主主義　岩波新書編集部編
検証 安倍イズム　柿崎明二
右傾化する日本政治　中野晃一
外交ドキュメント 歴史認識　服部龍二
日米〈核〉同盟　原爆、核の傘、フクシマ　太田昌克
集団的自衛権と安全保障　豊下楢彦・古関彰一
日本は戦争をするのか　半田滋
アジア力の世紀　進藤榮一

民族紛争　月村太郎
自治体のエネルギー戦略　大野輝之
政治的思考　杉田敦
現代日本の政党デモクラシー　中北浩爾
サイバー時代の戦争　谷口長世
現代中国の政治　唐亮
日本の国会　大山礼子
戦後政治史〔第三版〕　石川真澄・山口二郎
〈私〉時代のデモクラシー　宇野重規
大臣〔増補版〕　菅直人
生活保障　排除しない社会へ　宮本太郎
「ふるさと」の発想　西川一誠
「戦地」派遣　変わる自衛隊　半田滋
民族とネイション　塩川伸明
昭和天皇　原武史
集団的自衛権とは何か　豊下楢彦
沖縄密約　西山太吉
ルポ 改憲潮流　斎藤貴男

吉田茂　原彬久
安心のファシズム　斎藤貴男
市民の政治学　篠原一
東京都政　佐々木信夫
有事法制批判　憲法再生フォーラム編
日本政治 再生の条件　山口二郎編著
安保条約の成立　豊下楢彦
岸信介　原彬久
自由主義の再検討　藤原保信
一九六〇年五月一九日　日高六郎編
日本の政治風土　篠原一
近代の政治思想　福田歓一
日本精神と平和国家　矢内原忠雄

岩波新書新赤版一〇〇〇点に際して

ひとつの時代が終わったと言われて久しい。だが、その先にいかなる時代を展望するのか、私たちはその輪郭すら描きえていない。二〇世紀から持ち越した課題の多くは、未だ解決の緒を見つけることのできないままであり、二一世紀が新たに招きよせた問題も少なくない。グローバル資本主義の浸透、憎悪の連鎖、暴力の応酬――世界は混沌として深い不安の只中にある。

現代社会においては変化が常態となり、速さと新しさに絶対的な価値が与えられた。消費社会の深化と情報技術の革命は、種々の境界を無くし、人々の生活やコミュニケーションの様式を根底から変容させてきた。ライフスタイルは多様化し、一面では個人の生き方をそれぞれが選びとる時代が始まっている。同時に、新たな格差が生まれ、様々な次元での亀裂や分断が深まっている。社会や歴史に対する意識が揺らぎ、普遍的な理念に対する根本的な懐疑や、現実を変えることへの無力感がひそかに根を張りつつある。そして生きることに誰もが困難を覚える時代が到来している。

しかし、日常生活のそれぞれの場で、自由と民主主義を獲得し実践することを通じて、私たち自身がそうした閉塞を乗り超え、希望の時代の幕開けを告げてゆくことは不可能ではあるまい。そのために、いま求められていること――それは、個と個の間で開かれた対話を積み重ねながら、人間らしく生きることの条件について一人ひとりが粘り強く思考することではないか。その営みの糧となるものが、教養に外ならないと私たちは考える。歴史とは何か、よく生きるとはいかなることか、世界そして人間はどこへ向かうべきなのか――こうした根源的な問いとの格闘が、文化と知の厚みを作り出し、個人と社会を支える基盤としての教養となった。まさにそのような教養への道案内こそ、岩波新書が創刊以来、追求してきたことである。

岩波新書は、日中戦争下の一九三八年一一月に赤版として創刊された。創刊の辞は、道義の精神に則らない日本の行動を憂慮し、批判的精神と良心的行動の欠如を戒めつつ、現代人の現代的教養を刊行の目的とする、と謳っている。以後、青版、黄版、新赤版と装いを改めながら、合計二五〇〇点余りを世に問うてきた。そして、いままた新赤版が一〇〇〇点を迎えたのを機に、人間の理性と良心への信頼を再確認し、それに裏打ちされた文化を培っていく決意を込めて、新しい装丁のもとに再出発したいと思う。一冊一冊から吹き出す新風が一人でも多くの読者の許に届くこと、そして希望ある時代への想像力を豊かにかき立てることを切に願う。

（二〇〇六年四月）

神塚淑子

1953年兵庫県生まれ．1979年，東京大学大学院人文科学研究科博士課程中途退学．博士(文学)．専門は中国思想史．
現在－名古屋大学名誉教授
著書－『六朝道教思想の研究』(創文社)
『『老子』 ――〈道〉への回帰』(岩波書店)
『道教経典の形成と仏教』(名古屋大学出版会)
『文選(下)』(訳，学習研究社)
『現代語訳「阿含経典」 長阿含経』(共訳，平河出版社)
『真理の偈と物語 『法句譬喩経』現代語訳(上)(下)』(共訳，大蔵出版)

道教思想10講　　岩波新書(新赤版)1848

2020年9月18日　第1刷発行

著　者　神塚淑子《かみつかよしこ》

発行者　岡本　厚

発行所　株式会社　岩波書店
〒101-8002 東京都千代田区一ツ橋2-5-5
案内 03-5210-4000　営業部 03-5210-4111
https://www.iwanami.co.jp/

新書編集部 03-5210-4054
https://www.iwanami.co.jp/sin/

印刷製本・法令印刷　カバー・半七印刷

ISBN 978-4-00-431848-4　　Printed in Japan

略年表

（本書の主な登場人物と関連事項）

《　》の中の数字は，関連する本書の講義番号．

西暦	事　　項
前	
770	**春秋時代（〜前 403）**
479	孔子没（前 552〜）．『論語』《2，4，8，9，10》
403	**戦国時代（〜前 221）**
390	この頃，墨子没（前 470 頃〜）．『墨子』《1，7》
	戦国時代初期，「行気玉佩銘」《3》
300	この頃，郭店楚簡『老子』《2》
	『老子』《1，2，4，5，6，7，8，10》
	この頃，荘子活動か？
	『荘子』《2，3，4，5，6，9，10》
221	**秦の始皇帝，中国統一**
219	始皇帝，封禅を行う．徐市らを派遣して三神山を探させる《3，10》
202	**前漢（〜後 8）**
168	馬王堆第 3 号墓，造営される．帛書『老子』《2》，「導引図」《3》
141	漢武帝即位（〜前 87）
	この頃から，中国に仏教が伝わり始める《8》
122	淮南王劉安没（前 179？〜）．『淮南子』《3，4，9》
110	武帝，封禅を行う《3，10》
	司馬談没（？〜）．「六家の要指」《7》
104	董仲舒没（？〜）．『春秋繁露』《3，7》
86	この頃，司馬遷没（前 145 頃〜）．『史記』《2，5，7，8》
6	劉向没（前 77〜）．『列仙伝』？《3，9，10》

後	
25	**後漢(～220)**
65	楚王英，黄老を学び，仏を祀る《8》
140	この頃，宮崇，『太平清領書』を献上する《1》
	『太平経』《1，3，5，7》
165	桓帝，老子を苦県に祀る．辺韶「老子銘」《5》
184	黄巾の乱起こる．張角(太平道)没(？～)《1》
215	張魯(五斗米道)，曹操に降る《1》
	『老子想爾注』？《1，2，7》
216	張魯没(？～)
	この頃，『老子変化経』《5》
220	**魏(～265)**
249	王弼没(226～)．『老子』注《2》
262	嵆康没(223～)．「養生論」《3，6，10》
	魏の康僧鎧訳『無量寿経』《8》
280	**西晋(～316)**
307	この頃までに，王浮『老子化胡経』成る《8，10》
312	この頃，郭象没(？～)．『荘子』注《9》
317	**東晋(～420)**
	この頃，葛洪，『抱朴子』を著す《1，3，4，6，7，10》
334	魏華存没(253～)《1，9》
343	この頃，葛洪没(283？～)．『神仙伝』《3，9，10》
350	楊羲，劉璞から霊宝五符を授けられる《1，9》
361	王羲之没(303～)《9》
364	魏華存の楊羲への降臨が始まる．上清派道教の興隆《1，4，6，9》
370	許翽没(341～)《1，4，9》
376	許謐没(305～)《1，4，9》
386	この頃，楊羲没(330～)《1，4，9》
400	この頃，葛巣甫，霊宝経を作る《1，4，5，6，8，10》
415	寇謙之に太上老君が降臨《1》
416	慧遠没(334～)《1，8》

420	**劉宋(〜479)**
	この頃，『神呪経』前半成る《5，10》
427	陶淵明没(365〜)《1，4》
437	陸修静，「霊宝経目序」を著す《5》
443	宗炳没(375〜)．「画山水序」《9》
448	寇謙之没(365〜)《1》
467	顧歓，「夷夏論」を著す《1，8》
471	陸修静，「三洞経書目録」を著す《1》
477	陸修静没(406〜)《1，5，8》
479	**南斉(〜502)**
499	この頃，陶弘景，『真誥』を編纂《1，4，6，9，10》
500	この頃，陶弘景の『本草集経』成る《10》
502	**梁(〜557)**
518	僧祐没(445〜)．『弘明集』《1，8》
536	陶弘景没(456〜)《1，4，6，9，10》
557	**陳(〜589)**
570	甄鸞，『笑道論』を著す《8》
577	慧思没(515〜)．『立誓願文』《6》
	この頃，『無上秘要』成る《1，5》
589	**隋(〜618)**
598	智顗没(538〜)．『天台小止観』《6》
602	【日本】百済の僧観勒，日本に暦本，天文地理の書，遁甲方術の書をもたらす《10》
	隋から唐代初めの頃，劉進喜・李仲卿の『本際経』成る《1，8，10》
618	**唐(〜907)**
653	この頃，成玄英，『老子道徳経義疏』を著す．重玄学の盛行《1》
660	この頃，黎興・方長の『海空智蔵経』成る《1，8》
664	この頃，孟安排，『道教義枢』を著す《2，4》
667	道宣没(596〜)．『広弘明集』《8》
682	孫思邈没(？〜)．『千金要方』《10》
687	孫過庭，『書譜』を著す《1，9》

700	則天武后，嵩山で除罪簡を投じる《1，5》
701	【日本】大宝律令制定．陰陽寮・典薬寮設置される《10》
711	司馬承禎，睿宗に召され，「治国の要」を答える《7》
720	【日本】『日本書紀』成る《10》
721	玄宗，司馬承禎から法籙を授けられる《1》
733	玄宗，『御注道徳真経』を作る《1，2》
	【日本】山上憶良，この頃没(660〜)．「沈痾自哀文」《10》
735	司馬承禎没(647〜)《1，4，9》．『坐忘論』《6，8》，『天地宮府図』《4》
741	道挙制度が始まる《1》
754	呉筠，『玄綱論』を玄宗に献上する《1，6》
762	李白没(701〜)《1，6，9》
769	李含光没(683〜)《9》
775	【日本】吉備真備没(695〜)《10》
778	呉筠没(？〜)．「神仙可学論」《1，3，6》
779	【日本】淡海三船，『唐大和上東征伝』を著す《10》
785	顔真卿没(709〜)．「麻姑仙壇記」等《1，9》
797	【日本】空海，『聾瞽指帰』(『三教指帰』)を著す《10》
805	李渤，『真系』を著す《9》
835	【日本】空海没(774〜)
847	張彦遠，『歴代名画記』を著す《1，9》
879	【日本】都良香没(834〜)．「神仙問対」《10》
890	【日本】この頃，藤原佐世，『日本国見在書目録』を著す《10》
	唐代末，閭丘方遠，『太平経鈔』を作る《1，3，7》
907	**五代十国(〜960)**
930	道挙を廃止する《1》
933	杜光庭没(850〜)．『道徳真経広聖義』《1，7》
960	**北宋(〜1127)**
984	【日本】丹波康頼，『医心方』を著す《10》
1019	『大宋天宮宝蔵』成る《1》
	張君房，『雲笈七籤』を著す《1，2，4，5，6，9，10》
1075	張伯端，『悟真篇』を著す《6，8》
1082	張伯端没(987〜)

1111	【日本】大江匡房没(1041～). 『本朝神仙伝』《10》
1127	**南宋(～1279)**
	南宋初め頃, 『太上感応篇』 成る《1, 7, 8, 10》
1159	王嚞(重陽), 呂洞賓の化身に邂逅する《1》
1166	蕭抱珍没(?～). 太一教《1》
1170	王嚞没(1113～). 全真教《1, 6, 8》
1171	又玄子, 『太微仙君功過格』 を著す《1, 7》
1180	劉徳仁没(1122～). 真大道教《1》
1222	丘処機, チンギス・ハンと会見《1》
1279	**元(～1368)**
1306	李道純, 『中和集』 を著す《6, 8》
1308	劉玉没(1257～). 浄明道を大成する《1, 8》
	元の末頃までに, 正一教と全真教の二大教派並立の形勢できあがる《1》
1368	**明(～1644)**
1445	『正統道蔵』 成る《1》
	【日本】15 世紀末, 『太上感応篇』 日本に渡来《10》
1528	王守仁没(1472～). 『伝習録』《8》
1607	『万暦続道蔵』 成る《1》
1644	**清(～1912)**
1714	【日本】貝原益軒没(1630～). 『養生訓』《10》
1789	【日本】三浦梅園没(1723～). 『玄語』《10》
1843	【日本】平田篤胤没(1776～). 『赤県太古伝』《10》

読書案内

本書を執筆するにあたって引用したり参考にした文献，および，さらに進んで学びたい方のための文献を紹介します．

講義を始める前に

道教全般について知るための，まとまった参考文献としては次のものがあります．福井康順・山崎宏・木村英一・酒井忠夫監修『道教』全3巻(平河出版社，1983年)，坂出祥伸編『「道教」の大事典――道教の世界を読む』(新人物往来社，1994年)，野口鐵郎編集代表『講座道教』全6巻(雄山閣，1999-2001年)，Livia Kohn (ed.), *Daoism Handbook* (Leiden, Brill, 2000).

道教の事典としては，野口鐵郎・坂出祥伸・福井文雅・山田利明編『道教事典』(平河出版社，1994年)，胡孚琛主編『中華道教大辞典』(中国社会科学出版社，1995年)などがあります．

道教を含めた中国の思想文化全般についての事典としては，溝口雄三・丸山松幸・池田知久編『中国思想文化事典』(東京大学出版会，2001年)があり，「気」や「道」をはじめ，中国思想の主要語彙・概念について説明しています．また，『岩波講座 東洋思想』第13巻・第14巻「中国宗教思想」1・2(岩波書店，1990年)には，宗教的思惟を含めた中国思想の諸側面について解説した文章が収められています．

なお，本書で引用する道教文献のテキストについては，本文中やこの「読書案内」で特に記載したものもありますが，それ以外は，上海涵芬楼景印本の『正統道蔵』に拠っています．また，本文中に引用した仏典資料については，『大正新脩大蔵経』に拠り，該当箇所の巻数，頁数，上中下段を注記しています．

第1講

道教の歴史全般については，窪徳忠『道教史』(山川出版社，1977

年)，横手裕『道教の歴史』(山川出版社，2015 年)が参考になります．コンパクトにまとめたものとしては，横手裕『中国道教の展開』(山川出版社，世界史リブレット 96，2008 年)があります．中国語で書かれたものとしては，任継愈主編『中国道教史』増訂本，上・下(中国社会科学出版社，2001 年)，卿希泰『中国道教史』全 4 巻(四川人民出版社，1988-1995 年)などがあり，古いものですが，陳国符『道蔵源流考』(中華書局，1949 年)は今も有益です．

道教がさまざまな思想の重層的な積み重なりによってできあがっていることについては，福永光司「鬼道と神道と真道と聖道――道教の思想史的研究」，同「道教とは何か」(ともに，福永光司『道教思想史研究』岩波書店，1987 年，所収)に，独自の視点からの研究があります．

太平道と五斗米道についての研究書としては，大淵忍爾『初期の道教』(創文社，1991 年)，葛洪『抱朴子』については，同じく大淵忍爾『道教とその経典』(創文社，1997 年)があります．また，『抱朴子』の訳注本としては，石島快隆訳註『抱朴子』(岩波文庫，1942 年)，本田濟訳注『抱朴子』内篇・外篇(平凡社，東洋文庫，1990-1991 年)があります．

道教経典の作成(上清経と霊宝経)については，小林正美『六朝道教史研究』(創文社，1990 年)，神塚淑子『六朝道教思想の研究』(創文社，1999 年)，同『道教経典の形成と仏教』(名古屋大学出版会，2017 年)などがあります．

唐代の道教についての研究書としては，砂山稔『隋唐道教思想史研究』(平河出版社，1990 年)，山田俊『唐初道教思想史研究――『太玄真一本際経』の成立と思想』(平楽寺書店，1999 年)，小林正美『唐代の道教と天師道』(知泉書館，2003 年)，麥谷邦夫『六朝隋唐道教思想研究』(岩波書店，2018 年)などがあります．

『雲笈七籤』については，中嶋隆蔵『雲笈七籤の基礎的研究』(研文出版，2004 年)，吉川忠夫「道教の大百科全書――『雲笈七籤』」(吉川忠夫『読書雑志――中国の史書と宗教をめぐる十二章』岩波書店，2010 年，所収)が参考になります．また，全真教については，蜂屋邦夫『金代道教の研究――王重陽と馬丹陽』(汲古書院，1992 年)，浄明道については，秋月観暎『中国近世道教の形成――浄明道の基礎的研

究』(創文社，1978年)などの研究書があります．

第2講

『老子』および『老子』注の原典や『老子』の翻訳・研究の主なものについては，神塚淑子『『老子』──〈道〉への回帰』(岩波書店，2009年)末尾の「参考文献」欄に記しましたので，あわせてご覧ください．

北京大学所蔵の竹簡『老子』については，湯浅邦弘『竹簡学──中国古代思想の探究』(大阪大学出版会，2014年)を参照しました．

『老子』王弼注のテキストは，楼宇烈『王弼集校釈』(中華書局，1980年)上冊「老子道徳経注」，河上公注のテキストは，王卡点校『老子道徳経河上公章句』(中華書局，1993年)を用いています．河上公注については，楠山春樹『老子伝説の研究』前篇「老子河上公注の研究」(創文社，1979年)が参考になります．

また，想爾注については，敦煌写本の中からこれを発見した饒宗頤による『老子想爾注校箋』(原著は1956年．増訂版は上海古籍出版社，1991年)があり，詳細な研究も収録されています．想爾注をわかりやすく紹介したものとしては，丸山宏「『老子想爾注』──道の実践を説く初期道教教団の『老子』解釈」(増尾伸一郎・丸山宏編『道教の経典を読む』大修館書店，あじあブックス，2001年，所収)があります．

この想爾注をはじめ，敦煌写本の中には道教関係のものが少なからず含まれていて，道教研究において重要な資料となっています．敦煌写本の中の道教関係の資料については，大淵忍爾『敦煌道経 目録編』(福武書店，1978年)，同『敦煌道経 図録編』(福武書店，1979年)が有益です．また，王卡『敦煌道教文献研究──綜述・目録・索引』(中国社会科学出版社，2004年)には，大淵書以後に新たに明らかになったものも含まれていて，重要です．

「道」と「気」については，麥谷邦夫「道と気と神──道教教理における意義をめぐって」(『人文学報』65，京都大学人文科学研究所，1989年)，同「気と道教」(前掲『「道教」の大事典』所収)が参考になります．

第3講

道教の生命観の根本にある「気」の思想全般については，小野沢精一・福永光司・山井湧編『気の思想――中国における自然観と人間観の展開』(東京大学出版会，1978年)，「気」の思想と身体観については，葛兆光著，池平紀子訳「道教の生命哲学――宇宙・身体・気」(前掲『講座 道教第3巻　道教の生命観と身体論』所収)が参考になります．

馬王堆から出土した養生法関係の資料解説としては，馬王堆出土文献訳注叢書編集委員会編，白杉悦雄・坂内栄夫著『却穀食気・導引図・養生方・雑療方』(東方書店，2011年)があります．

神仙思想については，津田左右吉「神僊思想の研究」(『津田左右吉全集』第10巻，岩波書店，1964年，所収)，吉川忠夫『古代中国人の不死幻想』(東方書店，1995年)が参考になります．

中国古代における〈こころ〉と〈からだ〉の捉え方については，石田秀実「拡充する精神――中国古代における精神と身体の問題」(石田秀実『こころとからだ――中国古代における身体の思想』中国書店，1995年，所収)を参照しました．

『太平経』のテキストとしては，王明『太平経合校』(中華書局，1960年)が便利です．本書における『太平経』および『太平経鈔』の引用は，これを用いています．『太平経』の生命観・養生法については，神塚淑子「『太平経』の世界」(前掲『講座 道教第1巻　道教の神々と経典』所収)にも概略を述べました．

第4講

「道→元気→天地→万物」の生成論については，福永光司「道家の気論と『淮南子』の気」，戸川芳郎「後漢期における気論」(ともに，前掲『気の思想――中国における自然観と人間観の展開』所収)が参考になります．

神学的生成論および道教の天界説については，麥谷邦夫「道教的生成論の形成と展開」，同「道教教理における天界説」(ともに，前掲『六朝隋唐道教思想研究』所収)を参照しました．

読書案内

洞天については，三浦國雄「洞天福地小論」(三浦國雄『風水　中国人のトポス』平凡社，1995年，所収)が軽妙な筆致で紹介しています．

『真誥』の鬼の世界および仙人鬼三部世界観については，神塚淑子「『真誥』について」(前掲『六朝道教思想の研究』所収)に詳しく述べています．『真誥』を読むには，吉川忠夫・麥谷邦夫編『『真誥』研究(訳注篇)』(京都大学人文科学研究所，2000年)が有益です．

第5講

道教の救済思想の大きな流れと，自己救済・他者救済については，麥谷邦夫「初期道教における救済思想」(前掲『六朝隋唐道教思想研究』所収)を参考にしました．

『太平経』の救済思想については，神塚淑子「『太平経』の承負と太平の理論について」(前掲『六朝道教思想の研究』所収)に詳しく述べています．

救世主としての老子(『老子変化経』)については，菊地章太『老子神化――道教の哲学』(春秋社，シリーズ道教の世界3，2002年)にわかりやすく説明してあります．また，「道」による救済(『神呪経』)については，同じく菊地章太『神呪経研究――六朝道教における救済思想の形成』(研文出版，2009年)に詳細な研究があります．

元始天尊による救済(天地の再生と救済の思想)については，神塚淑子「霊宝経における経典神聖化の論理――元始旧経の「開劫度人」説をめぐって」，同「元始天尊をめぐる三教交渉」(ともに，前掲『道教経典の形成と仏教』所収)に詳しく述べています．

霊宝斎儀や道教儀礼全般についての研究としては，山田利明『六朝道教儀礼の研究』(東方書店，1999年)，丸山宏『道教儀礼文書の歴史的研究』(汲古書院，2004年)などがあります．

第6講

嵇康「養生論」については，吉川忠夫『古代中国人の不死幻想』(前掲)第4章「長生の理論――嵇康の「養生論」」に明快な説明があります．

司馬承禎『坐忘論』については，神塚淑子「司馬承禎『坐忘論』について――唐代道教における修養論」(前掲『道教経典の形成と仏教』所収)に詳しく述べています．『坐忘論』のテキストは，道蔵本と雲笈七籤本との間でかなり多く文字の異同があり，呉受琚輯釈『司馬承禎集』(社会科学出版社，2013年)に詳しい校勘が記載されています．

止観と坐忘については，三浦國雄『朱子と気と身体』(平凡社，1997年)第2部第1章「三教の身心技法」が参考になります．

内丹説の形成については，坂出祥伸「隋唐時代における服丹と内観と内丹」(坂出祥伸編『中国古代養生思想の総合的研究』平河出版社，1988年，所収)，坂内栄夫「唐代の内丹思想――陰丹と内丹」(前掲『講座 道教』第3巻所収)を参照しました．

『悟真篇』については，吾妻重二「『悟真篇』の内丹思想」(前掲『中国古代養生思想の総合的研究』所収)の説明にもとづいています．また，李道純については，横手裕「全真教と南宗北宗」(前掲『講座 道教』第3巻所収)を参照しました．

存思と胎結解消の思想については，麥谷邦夫「道教的生成論の形成と展開」(前掲『六朝隋唐道教思想研究』所収)，同「『大洞真経三十九章』をめぐって」(吉川忠夫編『中国古道教史研究』同朋舎出版，1992年，所収)，加藤千恵「胎の思想」(前掲『講座 道教』第3巻所収)が参考になります．

呉筠の神仙可学の思想については，神塚淑子「呉筠の生涯と思想」(『東方宗教』54，1979年)に詳しく述べています．

第7講

道教の倫理と社会思想の全般については，孫亦平『道教的信仰与思想』(東大図書公司，2008年)第4章「道教倫理観的基本特徴」，第5章「道教社会観的独特内蘊」を参照しました．

行為の善悪と天の賞罰については，神塚淑子「善と悪」(前掲『岩波講座 東洋思想』第14巻所収)に概要を述べました．道教における罪の意識と懺悔については，吉川忠夫『中国人の宗教意識』(創文社，1998年)に，周到な考察があります．

『太平経』の倫理思想と理想社会については，神塚淑子「『太平経』

の世界」(前掲)，同「『太平経』における「心」の概念」(前掲『六朝道教思想の研究』所収)に述べた内容と重なる部分があります．

『抱朴子』の倫理思想については，楠山春樹「道教と儒教」(前掲『道教第2巻　道教の展開』所収)第1章に簡潔な紹介があります．

霊宝経の戒については，楠山春樹「道教戒の概観と五戒・八戒」，同「道教における十戒」(ともに，楠山春樹『道家思想と道教』平河出版社，1992年，所収)に詳しい説明があります．

『太上感応篇』と功過格については，吉岡義豊「道教の研究」第2章「感応篇と功過格」(『吉岡義豊著作集』1，五月書房，1989年，所収)，秋月観暎「道教と中国の倫理――善書における心意主義の展望」(秋月観暎編『道教と宗教文化』平河出版社，1987年，所収)，酒井忠夫『中国善書の研究』(弘文堂，1960年)，加治敏之「善書と道教」(前掲『講座 道教第5巻　道教と中国社会』所収)を参照しました．

第8講

中国への仏教伝来については，Erik Zürcher, *The Buddhist Conquest of China: the Spread and Adaptation of Buddhism in Early Medieval China* (Leiden, Brill, 1959)(邦訳：田中純男ほか訳『仏教の中国伝来』せりか書房，1995年)が有益です．また，沖本克己編『新アジア仏教史6(中国I　南北朝)　仏教の東伝と受容』(佼成出版社，2010年)がわかりやすく説明しています．

後漢から唐代初期の仏教と道教の関係を知る上での基本文献である『弘明集』『広弘明集』については，牧田諦亮編『弘明集研究』上・中・下(京都大学人文科学研究所，1973-1975年)，吉川忠夫訳『大乗仏典〈中国・日本篇〉第4巻　弘明集・広弘明集』(中央公論社，1988年)が有益です．

仏典の漢訳については，福永光司「中国宗教思想史」(前掲『岩波講座 東洋思想』第13巻所収)，末木文美士『仏教――言葉の思想史』(岩波書店，1996年)，船山徹『仏典はどう漢訳されたのか――スートラが経典になるとき』(岩波書店，2013年)などが参考になります．

七寺本『清浄法行経』については，落合俊典編『七寺古逸経典研究叢書第2巻　中国撰述経典(其之二)』(大東出版社，1996年)を参照し

ました．

夷夏論争については，吉川忠夫『六朝精神史研究』(同朋舎出版，1984年)第13章「夷夏論争」，前田繁樹「仏道論争に於ける諸問題」(前掲『講座 道教第4巻　道教と中国思想』所収)が参考になります．

霊宝経の仏教受容については，Erik Zürcher, “Buddhist Influence on Early Taoism: A Survey of Scriptural Evidence” (*T'oung Pao*, vol. 66, 1-3, 1980)のすぐれた論考があります．また，神塚淑子『道教経典の形成と仏教』(前掲)第1篇「霊宝経の形成とその思想」，第3篇「道教経典と漢訳仏典」にも詳しく述べています．

道仏並存の造像については，神塚淑子『六朝道教思想の研究』(前掲)第3篇第2章「六朝時代の道教造像――宗教思想史的考察を中心に」に詳しく述べています．

儒仏道「三教帰一」の思潮については，森由利亜「近世内丹道の三教一致論――牧常晁と李道純の三教一致論と性命双修説を中心に」，馬淵昌也「儒教と道教の関係について――元・明期理学者の内丹観を中心に」(ともに，前掲『講座 道教』第4巻所収)を参照しました．

第9講

道教と文学に関する全般的な事柄については，前掲『講座 道教』第4巻第Ⅲ部「文学と道教」所収の諸論文が参考になります．

『真誥』に見える真人の詩については，神塚淑子「『真誥』について」(前掲)に詳しく述べています．

王羲之と道教との関わりについては，吉川忠夫『王羲之――六朝貴族の世界』(清水書院，1972年．のち，岩波現代文庫，2010年)が参考になります．

真人の内伝については，小南一郎『中国の神話と物語り――古小説史の展開』(岩波書店，1984年)「「漢武帝内伝」の成立」に詳細な研究があります．また，上清経の文体については，神塚淑子「上清経の形成とその文体」(前掲『六朝道教思想の研究』所収)に詳しく述べています．

李白と上清派道教については，土屋昌明「李白の交遊と道教――元丹丘・胡紫陽・玉真公主を中心に」(『専修大学人文科学年報』32,

2002年)を参照しました.

道教と書芸術の密接な関係については,吉川忠夫『書と道教の周辺』(平凡社,1987年)に,詩情豊かな文章で明快に述べられています.

中国の書論・画論については,福永光司『芸術論集』(朝日新聞社,中国文明選14,1971年)に,主要な書論・画論の訳注と解説があります.

絵画と道教については,杉原たく哉「絵画と道教」(前掲『講座 道教』第4巻所収),『歴代名画記』については,長廣敏雄訳注『歴代名画記』1・2(平凡社,東洋文庫,1977年),宇佐美文理『『歴代名画記』──〈気〉の芸術論』(岩波書店,2010年)を参照しました.

第10講

「道教と日本文化」についての主要な研究成果を収録したものとして,『選集 道教と日本』全3巻(雄山閣,1996-1997年)があります.また,「道教と日本文化」について簡潔にまとめたものとして,中村璋八「日本の道教」(前掲『道教第3巻　道教の伝播』所収)があります.

古代日本における道教に関する研究として,下出積與『日本古代の道教・陰陽道と神祇』(吉川弘文館,1997年)があり,親しみやすい形の書物としては,同じく下出積與『道教と日本人』(講談社現代新書,1975年)があります.

『本朝神仙伝』については,『日本思想大系7　往生伝　法華験記』(岩波書店,1974年)解説「文献解題──成立と特色」(井上光貞)を参照しました.

空海の『三教指帰』については,福永光司責任編集『日本の名著3　最澄　空海』(中央公論社,1977年)に掲載する『三教指帰』の解説・訳注が有益です.これには『三教指帰』の語彙の出典についてのきわめて詳細な注記があり,また,山上憶良「沈痾自哀文」についての解説も載っています.

呪術・方術の受容については,増尾伸一郎『道教と中国撰述仏典』(汲古書院,2017年),奈良文化財研究所編『藤原宮木簡四』(奈良文化財研究所,2019年)を参照しました.

『医心方』については，坂出祥伸「『医心方』養生篇の道教的性格」，同「『医心方』における医療と道教――所引の『延寿赤書』『服石論』を中心に」(ともに，坂出祥伸『道家・道教の思想とその方術の研究』汲古書院，2009 年，所収)を参照しました．

江戸時代の『太上感応篇』の刊行については，酒井忠夫「近世日本文化に及ぼせる中国善書の影響並びに流通」(多賀秋五郎編『近世アジア教育史研究』文理書院，1966 年，所収)に詳しい研究があります．

三浦梅園については，『日本思想大系 41　三浦梅園』(岩波書店，1982 年)解説「三浦梅園の哲学――極東儒学思想史の見地から」(島田虔次)，三浦梅園の道教的思想については，福永光司「三浦梅園と『荘子』と陶弘景」と同「三浦梅園と道教」(ともに，福永光司『道教と日本文化』人文書院，1982 年，所収)を参照しました．三浦黄鶴「先府君孿山先生行状」は，三枝博音編『三浦梅園集』(岩波文庫，1953 年)に収録されているものを用いました．

平田篤胤と道教との関わりについては，楠山春樹「平田篤胤と道教」(前掲『道家思想と道教』所収)を参照しました．